Kepykite kaip profesionalas

keksių ir tortų receptų knyga

Eglė Petraitė

TURINYS

Sodybos varvantis pyragas 12

Amerikietiški meduoliai su citrinų padažu 13

Kava meduoliai 15

Imbiero kreminis pyragas 16

Liverpulio imbiero pyragas 17

Avižiniai dribsniai meduoliai 18

Lipnus meduoliai 20

Pilno grūdo meduoliai 21

Medaus ir migdolų pyragas 22

Tortas su citrina 23

Ledinės arbatos žiedas 24

Lardy tortas 26

Kmynų sėklų lardy pyragas 27

Marmurinis pyragas 28

Linkolnšyro sluoksnio pyragas 29

Duonos pyragas 30

Marmeladinis pyragas 31

Aguonų pyragas 32

Paprastas jogurtinis pyragas 33

Slyvų ir kremo pyragas 34

Aviečių banguotas pyragas su šokoladiniu glajumi 36

Smėlio pyragas 37

Sėklų pyragas 38

Prieskonių žiedų pyragas 39

Aštrus sluoksninis pyragas 40

Cukraus ir cinamono pyragas 41

Viktorijos laikų arbatos pyragas 42

„Viskas viename" vaisių pyragas 43

„Viskas viename" vaisių pyragas 44

Australijos vaisių pyragas 45

Amerikietiškas turtingas pyragas 46

Carob vaisių pyragas 48

Kavos vaisių pyragas 49

Sunkusis Kornvalio pyragas 51

Serbentų pyragas 52

Tamsus vaisių pyragas 53

Iškirpkite ir ateikite dar kartą Tortas 55

Dandžio pyragas 56

Naktinis vaisių pyragas be kiaušinių 57

Neprotingas vaisių pyragas 58

Imbiero vaisių pyragas 60

Kaimo sodybos medaus vaisių pyragas 61

Genujos pyragas 62

Glacé vaisių pyragas 64

Gineso vaisių pyragas 65

Maltos mėsos pyragas 66

Avižų ir abrikosų vaisių pyragas 67

Naktinis vaisių pyragas 68

Razinų ir prieskonių pyragas 69

Ričmondo pyragas 70

Šafrano vaisių pyragas 71

Sodos vaisių pyragas 72

Greitas vaisių pyragas 73

Karštos arbatos vaisių pyragas 74

Šaltos arbatos vaisių pyragas 75

Vaisinis pyragas be cukraus 76

Maži vaisių pyragaičiai 77

Acto vaisių pyragas 78

Virdžinijos viskio pyragas 79

Velso vaisių pyragas 80

Baltas vaisių pyragas 81

Obuolių pyragas 82

Traškus obuolių pyragas su prieskoniais 83

Amerikietiškas obuolių pyragas 84

Obuolių tyrės pyragas 85

Sidro obuolių pyragas 86

Obuolių ir cinamono pyragas 87

Ispaniškas obuolių pyragas 88

Obuolių ir Sultonos pyragas 90

Apverstas obuolių pyragas 91

Abrikosų kepalo pyragas 92

Abrikosų ir imbiero pyragas 93

Tipsy abrikosų pyragas 94

Bananų pyragas 95

Traškus bananų pyragas 96

Bananų kempinė 97

Daug skaidulų turintis bananų pyragas 98

Bananų ir citrinų pyragas 99

Blenderiu bananų šokoladinį pyragą 100
Bananų ir žemės riešutų pyragas 101
Viskas viename bananų ir razinų pyragas 102
Bananų ir viskio pyragas 103
Mėlynių pyragas 104
Vyšnių akmenukų pyragas 105
Vyšnių ir kokosų pyragas 106
Vyšnių ir sultonos pyragas 107
Ledinis vyšnių ir riešutų pyragas 108
Damsono pyragas 109
Datulių ir riešutų pyragas 110
Citrinų pyragas 111
Apelsinų ir migdolų pyragas 112
Avižinis kepalo pyragas 113
Aštrus matinis mandarinų pyragas 114
Apelsinų pyragas 115
Persikų pyragas 116
Apelsinų ir Marsalos pyragas 117
Persikų ir kriaušių pyragas 118
Drėgnas ananasų pyragas 119
Ananasų ir vyšnių pyragas 120
Natal ananasų pyragas 121
Ananasas aukštyn kojom 122
Ananasų ir riešutų pyragas 123
Aviečių pyragas 124
Rabarbarų pyragas 125
Rabarbarų-medaus pyragas 126

Burokėlių pyragas 127
Morkų ir bananų pyragas 128
Morkų ir obuolių pyragas 129
Morkų ir cinamono pyragas 130
Morkų ir cukinijų pyragas 131
Morkų ir imbiero pyragas 132
Morkų ir riešutų pyragas 133
Morkų, apelsinų ir riešutų pyragas 134
Morkų, ananasų ir kokosų pyragas 135
Morkų ir pistacijų pyragas 136
Morkų ir riešutų pyragas 137
Prieskonių morkų pyragas 138
Morkų ir rudojo cukraus pyragas 140
Cukinijų ir čiulpų pyragas 141
Cukinijos ir apelsinų pyragas 142
Cukinijos pyragas su prieskoniais 143
Moliūgų pyragas 145
Vaisinis moliūgų pyragas 146
Prieskonių moliūgų vyniotinis 147
Rabarbarų ir medaus pyragas 149
Saldžiųjų bulvių pyragas 150
Itališkas migdolų pyragas 152
Migdolų ir kavos tortas 153
Migdolų ir medaus pyragas 154
Migdolų ir citrinų pyragas 155
Migdolų pyragas su apelsinu 156
Turtingas migdolų pyragas 157

Švediškas makaronų pyragas ... 158
Kokoso kepalas ... 159
Kokosų pyragas ... 160
Auksinis kokosų pyragas ... 161
Kokoso sluoksnio pyragas ... 162
Kokosų ir citrinų pyragas ... 163
Kokosų Naujųjų metų pyragas ... 164
Kokoso ir sultonos pyragas ... 165
Traškus riešutų pyragas ... 166
Mišrus riešutų pyragas ... 167
Graikiškas riešutų pyragas ... 168
Ledinis graikinių riešutų pyragas ... 169
Graikinių riešutų pyragas su šokoladiniu kremu ... 170
Graikinių riešutų pyragas su medumi ir cinamonu ... 171
Migdolų ir medaus batonėliai ... 172
Obuolių ir juodųjų serbentų trupiniai ... 174
Abrikosų ir avižinių dribsnių batonėliai ... 175
Abrikosų traškučiai ... 176
Riešutiniai bananų batonėliai ... 177
Amerikietiški rudieji pyragaičiai ... 178
Chocolate Fudge Brownies ... 179
Graikiniai riešutai ir šokoladiniai pyragaičiai ... 180
Sviesto batonėliai ... 181
Vyšnių irisas Traybake ... 182
Šokolado drožlių traybake ... 183
Cinamono trupinimo sluoksnis ... 184
Liūdni cinamono batonėliai ... 185

Kokosų batonėliai 186

Kokosų ir uogienių sumuštinių batonėliai 187

Data ir Apple Traybake 188

Datos griežinėliai 189

Močiutės pasimatymų barai 190

Datulių ir avižinių dribsnių batonėliai 191

Datulių ir riešutų batonėliai 192

Fig Bars 193

Atvartais 194

Vyšnių atvartai 195

Šokoladiniai blyneliai 196

Vaisių blynai 197

Vaisių ir riešutų kepuraitės 198

Imbieriniai blynai 199

Riešutiniai atvartai 200

Aštrūs citrininiai tešlos pyragaičiai 201

Mokos ir kokoso kvadratai 202

Sveiki, Dolly Cookies 204

Riešutų ir šokolado kokosų batonėliai 205

Riešutiniai kvadratai 206

Apelsinų pekano griežinėliai 207

Parkinas 208

Žemės riešutų sviesto batonėliai 209

Pikniko gabalėliai 210

Ananasų ir kokosų batonėliai 211

Slyvų mielinis pyragas 212

Amerikietiški moliūgų batonėliai 214

Svarainių ir migdolų batonėliai 215
Razinų batonėliai 217
Aviečių avižų kvadratai 218

Sodybos varvantis pyragas

Padaro vieną 18 cm/7 tortą

225 g/8 uncijos/1 1/3 puodeliai džiovintų vaisių mišinio (vaisių pyrago mišinys)

75 g/3 uncijos/1/3 puodelio jautienos lašinimo (sutrumpinimas)

150 g / 5 uncijos / 2/3 puodelio minkšto rudojo cukraus

250 ml / 8 fl oz / 1 puodelis vandens

225 g/8 uncijos/2 puodeliai pilno grūdo (viso grūdo) miltų

5 ml/1 arbatinis šaukštelis kepimo miltelių

2,5 ml/½ šaukštelio sodos bikarbonato (kepimo soda)

5 ml/1 šaukštelis malto cinamono

Žiupsnelis tarkuoto muskato riešuto

Žiupsnelis maltų gvazdikėlių

Vaisius, lašinukus, cukrų ir vandenį užvirinkite kietoje keptuvėje ir troškinkite 10 minučių. Palikite atvėsti. Likusius ingredientus sumaišykite dubenyje, tada supilkite ištirpintą mišinį ir švelniai sumaišykite. Šaukštu dėkite į riebalais išteptą ir 18 cm/7 išklotą torto formą (keptą) ir kepkite iki 180°C/350°F/dujų žymė 4 įkaitintoje orkaitėje 1,5 valandos, kol gerai pakils ir susitrauks nuo formos kraštų.

Amerikietiški meduoliai su citrinų padažu

Padaro vieną 20 cm/8 tortą

225 g / 8 uncijos / 1 puodelis smulkaus (labai smulkaus) cukraus

50 g/2 uncijos/¼ puodelio sviesto arba margarino, ištirpinto

30 ml/2 šaukštai juodojo melasos

2 kiaušinių baltymai, lengvai išplakti

225 g/8 uncijos/2 puodeliai paprastų (universalių) miltų

5 ml/1 arbatinis šaukštelis sodos bikarbonatas (kepimo soda)

5 ml/1 šaukštelis malto cinamono

2,5 ml/½ šaukštelio maltų gvazdikėlių

1,5 ml/¼ šaukštelio malto imbiero

Žiupsnelis druskos

250 ml / 8 fl oz / 1 puodelis pasukų

Padažui:

100 g/4 uncijos/½ puodelio smulkaus (labai smulkaus) cukraus

30 ml/2 šaukštai kukurūzų miltų (kukurūzų krakmolo)

Žiupsnelis druskos

Žiupsnelis tarkuoto muskato riešuto

250 ml / 8 fl oz / 1 puodelis verdančio vandens

15 g/½ uncijos/1 valgomasis šaukštas sviesto arba margarino

30 ml/2 šaukštai citrinos sulčių

2,5 ml/½ šaukštelio smulkiai tarkuotos citrinos žievelės

Sumaišykite cukrų, sviestą arba margariną ir melasą. Įmaišykite kiaušinių baltymus. Sumaišykite miltus, sodos bikarbonatą, prieskonius ir druską. Miltų mišinį ir pasukas pakaitomis įmaišykite į sviesto ir cukraus mišinį, kol gerai susimaišys. Šaukštu sudėkite į riebalais išteptą ir miltais pabarstytą 20 cm/8 skersmens torto formą ir kepkite iki 200°C/400°F/6 dujų žymeklio įkaitintoje orkaitėje 35 minutes, kol į vidurį įsmeigtas iešmas išeis švarus. Palikite 5 minutes atvėsti skardoje, prieš iškeldami ant grotelių, kad baigtumėte atvėsti. Tortą galima patiekti šaltą arba šiltą.

Norėdami paruošti padažą, nedidelėje keptuvėje ant nedidelės ugnies sumaišykite cukrų, kukurūzų miltus, druską, muskato riešutą ir vandenį ir maišykite, kol gerai susimaišys. Virkite maišydami, kol mišinys taps tirštas ir skaidrus. Įmaišykite sviestą arba margariną ir citrinos sultis bei žievelę ir virkite, kol susimaišys. Patiekite ant meduolių.

Kava meduoliai

Padaro vieną 20 cm/8 tortą

200 g/7 uncijos/1¾ puodeliai savaime kylančių (savaime kylančių) miltų

10 ml/2 šaukštelio malto imbiero

10 ml/2 šaukštelis tirpios kavos granulių

100 ml / 4 fl uncijos / ½ puodelio karšto vandens

100 g/4 uncijos/½ puodelio sviesto arba margarino

75 g/3 uncijos/¼ puodelio auksinio (šviesaus kukurūzų) sirupo

50 g/2 uncijos/¼ puodelio minkšto rudojo cukraus

2 kiaušiniai, sumušti

Sumaišykite miltus ir imbierą. Kavą ištirpinkite karštame vandenyje. Ištirpinkite margariną, sirupą ir cukrų, tada įmaišykite į sausus ingredientus. Įmaišykite kavą ir kiaušinius. Supilkite į riebalais išteptą ir išklotą 20 cm/8 skersmens torto formą ir kepkite iki 180°C įkaitintoje orkaitėje 40–45 minutes, kol gražiai iškils ir taps elastinga.

Imbiero kreminis pyragas

Padaro vieną 20 cm/8 tortą

175 g/6 uncijos/¾ puodelio sviesto arba margarino, suminkštinto

150 g / 5 uncijos / 2/3 puodelio minkšto rudojo cukraus

3 kiaušiniai, lengvai paplakti

175 g/6 uncijos/1½ puodeliai savaime kylančių (savaime kylančių) miltų

15 ml/1 valgomasis šaukštas malto imbiero Įdarui:

150 ml/¼ pt/2/3 puodelio dvigubos (sunkios) grietinėlės

15 ml/1 a.š cukraus pudros (konditerinio) persijoto

5 ml/1 šaukštelis malto imbiero

Sumaišykite sviestą arba margariną ir cukrų iki šviesios ir purios masės. Palaipsniui įmuškite kiaušinius, tada miltus ir imbierą ir gerai išmaišykite. Sudėkite į dvi riebalais išteptas ir išklotas 20 cm/8 storio sumuštinių formeles ir kepkite iki 180°C įkaitintoje orkaitėje 25 minutes, kol gražiai iškils ir taps elastingos liesti. Palikite atvėsti.

Grietinėlę išplakite su cukrumi ir imbieru iki standumo, tada naudokite pyragams sumuštiniams.

Liverpulio imbiero pyragas

Padaro vieną 20 cm/8 tortą

100 g/4 uncijos/½ puodelio sviesto arba margarino

100 g/4 uncijos/½ puodelio demerara cukraus

30 ml/2 šaukštai auksinio (šviesaus kukurūzų) sirupo

225 g/8 uncijos/2 puodeliai paprastų (universalių) miltų

2,5 ml/½ šaukštelio sodos bikarbonato (kepimo soda)

10 ml/2 šaukštelio malto imbiero

2 kiaušiniai, sumušti

225 g/8 uncijos/11/3 puodeliai sultonų (auksinių razinų)

50 g/2 uncijos/½ puodelio kristalizuoto (cukruoto) imbiero, susmulkinto

Ant silpnos ugnies ištirpinkite sviestą arba margariną su cukrumi ir sirupu. Nukelkite nuo ugnies ir įmaišykite sausus ingredientus bei kiaušinį ir gerai išmaišykite. Įmaišykite sultonus ir imbierą. Šaukštu sudėkite į riebalais išteptą ir išklotą 20 cm/8 kvadratinę torto formą ir kepkite iki 150°C įkaitintoje orkaitėje 3 pusvalandį, kol taps elastinga. Tortas gali šiek tiek nuslysti centre. Palikite atvėsti skardoje.

Avižiniai dribsniai meduoliai

Padaro vieną 35 x 23 cm/14 x 9 tortą

225 g/8 uncijos/2 puodeliai pilno grūdo (viso grūdo) miltų

75 g/3 uncijos/¾ puodelio valcuotų avižų

5 ml/1 arbatinis šaukštelis sodos bikarbonatas (kepimo soda)

5 ml/1 arbatinis šaukštelis dantų akmenų grietinėlės

15 ml/1 valgomasis šaukštas malto imbiero

225 g/8 uncijos/1 puodelis sviesto arba margarino

225 g / 8 uncijos / 1 puodelis minkšto rudojo cukraus

Dubenyje sumaišykite miltus, avižas, sodos bikarbonatą, grietinę ir imbierą. Įtrinkite sviestą arba margariną, kol mišinys taps panašus į džiūvėsėlius. Įmaišykite cukrų. Tvirtai įspauskite mišinį į riebalais išteptą 35 x 23 cm/14 x 9 torto formą ir kepkite iki 160°C/325°F/ dujų žymeklio 3 įkaitintoje orkaitėje 30 minučių, kol taps auksinės rudos spalvos. Dar šiltą supjaustykite kvadratėliais ir palikite skardoje visiškai atvėsti.

Apelsinų meduoliai

Padaro vieną 23 cm/9 tortą

450 g/1 svaras/4 puodeliai paprastų (universalių) miltų

5 ml/1 šaukštelis malto cinamono

2,5 ml/½ šaukštelio malto imbiero

2,5 ml/½ šaukštelio sodos bikarbonato (kepimo soda)

175 g/6 uncijos/2/3 puodelio sviesto arba margarino

175 g/6 uncijos/2/3 puodelio smulkaus (labai smulkaus) cukraus

75 g / 3 uncijos / ½ puodelio glazūros (cukruotos) apelsino žievelės, kapotos

Nutarkuota žievelė ir ½ didelio apelsino sultys

175 g/6 uncijos/½ puodelio auksinio (šviesaus kukurūzų) sirupo, pašildytas

2 kiaušiniai, lengvai paplakti

Šiek tiek pieno

Sumaišykite miltus, prieskonius ir sodos bikarbonatą, tada įtrinkite sviestą arba margariną, kol mišinys taps panašus į džiūvėsėlius. Įmaišykite cukrų, apelsino žievelę ir žievelę, tada centre padarykite duobutę. Sumaišykite apelsinų sultis ir pašildytą sirupą, tada įmaišykite kiaušinius iki minkštos, lašančios konsistencijos, jei reikia, įpilkite šiek tiek pieno. Gerai išplakite, tada šaukštu sudėkite į riebalais išteptą 23 cm/9 kvadratinę torto formą ir kepkite iki 160°C įkaitintoje orkaitėje 1 valandą, kol gražiai iškils ir taps elastinga liesti.

Lipnus meduoliai

Padaro vieną 25 cm/10 tortą

275 g / 10 uncijos / 2½ puodeliai paprastų (universalių) miltų

10 ml/2 šaukštelio malto cinamono

5 ml/1 arbatinis šaukštelis sodos bikarbonatas (kepimo soda)

100 g/4 uncijos/½ puodelio sviesto arba margarino

175 g/6 uncijos/½ puodelio auksinio (šviesaus kukurūzų) sirupo

175 g/6 uncijos/½ puodelio juodojo melasos

100 g/4 uncijos/½ puodelio minkšto rudojo cukraus

2 kiaušiniai, sumušti

150 ml / ¼ pt / 2/3 puodelio karšto vandens

Sumaišykite miltus, cinamoną ir sodos bikarbonatą. Sviestą arba margariną ištirpinkite su sirupu, melsvu ir cukrumi ir supilkite į sausus ingredientus. Įmuškite kiaušinius, vandenį ir gerai išmaišykite. Supilkite į riebalais išteptą ir išklotą 25 cm/10 kvadratinę torto formą (keptuvą). Kepkite iki 180°C įkaitintoje orkaitėje 40–45 minutes, kol gražiai iškils ir taps elastinga liesti.

Pilno grūdo meduoliai

Padaro vieną 18 cm/7 tortą

100 g/4 uncijos/1 puodelis paprastų (universalių) miltų

100 g/4 uncijos/1 puodelis pilno grūdo (viso grūdo) miltų

50 g/2 uncijos/¼ puodelio minkšto rudojo cukraus

50 g/2 uncijos/1/3 puodelio sultonų (auksinių razinų)

10 ml/2 šaukštelio malto imbiero

5 ml/1 šaukštelis malto cinamono

5 ml/1 arbatinis šaukštelis sodos bikarbonatas (kepimo soda)

Žiupsnelis druskos

100 g/4 uncijos/½ puodelio sviesto arba margarino

30 ml/2 šaukštai auksinio (šviesaus kukurūzų) sirupo

30 ml/2 šaukštai juodojo melasos

1 kiaušinis, lengvai paplaktas

150 ml / ¼ pt / 2/3 puodelio pieno

Sumaišykite sausus ingredientus. Sviestą arba margariną ištirpinkite su sirupu ir melsvu ir įmaišykite į sausus ingredientus su kiaušiniu ir pienu. Šaukštu dėkite į riebalais išteptą ir 18 cm/7 storio torto formą (keptą) ir kepkite iki 160°C įkaitintoje orkaitėje 3 1 valandą, kol taps elastinga.

Medaus ir migdolų pyragas

Padaro vieną 20 cm/8 tortą

250 g / 9 uncijos morkų, tarkuotų

65 g/2½ uncijos migdolų, smulkiai pjaustytų

2 kiaušiniai

100 g / 4 uncijos / 1/3 puodelio skaidraus medaus

60 ml/4 šaukštai aliejaus

150 ml / ¼ pt / 2/3 puodelio pieno

100 g/4 uncijos/1 puodelis pilno grūdo (viso grūdo) miltų

25 g/1 oz/¼ puodelio paprastų (universalių) miltų

10 ml/2 šaukštelio malto cinamono

2,5 ml/½ šaukštelio sodos bikarbonato (kepimo soda)

Žiupsnelis druskos

Lemon Glacé glajus

Keletas susmulkintų (susmulkintų) migdolų papuošimui

Sumaišykite morkas ir riešutus. Atskirame dubenyje išplakite kiaušinius, tada įmaišykite medų, aliejų ir pieną. Įmaišykite į morkas ir riešutus, tada įmaišykite sausus ingredientus. Šaukštu dėkite į riebalais išteptą ir 20 cm/8 išklotą torto formą ir kepkite iki 150°C/300°F/2 dujų žymeklio įkaitintoje orkaitėje 1–1¼ valandos, kol gerai iškils ir taps elastinga. Prieš išversdami palikite atvėsti skardoje. Pabarstykite citrininiu glazūriniu glajumi, tada papuoškite migdolų drožlėmis.

Tortas su citrina

Padaro vieną 18 cm/7 tortą

100 g/4 uncijos/½ puodelio sviesto arba margarino, suminkštinto

100 g/4 uncijos/½ puodelio smulkaus (labai smulkaus) cukraus

2 kiaušiniai

100 g/4 uncijos/1 puodelis paprastų (universalių) miltų

50 g/2 uncijos/½ puodelio maltų ryžių

2,5 ml/½ šaukštelio kepimo miltelių

Nutarkuota žievelė ir 1 citrinos sultys

100 g/4 uncijos/2/3 puodelio cukraus pudros (konditerių), išsijotas

Sumaišykite sviestą arba margariną ir cukrų iki šviesios ir purios masės. Po vieną įmuškite kiaušinius, kiekvieną kartą gerai išplakdami. Sumaišykite miltus, maltus ryžius, kepimo miltelius ir citrinos žievelę, tada įmaišykite į mišinį. Šaukštu supilkite į riebalais išteptą ir 18 cm/7 storio torto formą (keptą) ir kepkite iki 180°C įkaitintoje orkaitėje 4 1 valandą, kol taps elastinga. Išimkite iš formos ir palikite atvėsti.

Sumaišykite cukraus pudrą su trupučiu citrinos sulčių iki vientisos masės. Šaukštu uždėkite pyragą ir palikite sustingti.

Ledinės arbatos žiedas

Tarnauja 4-6

150 ml/¼ pt/2/3 puodelio šilto pieno

2,5 ml/½ šaukštelio džiovintų mielių

25 g/1 uncijos/2 šaukštai smulkaus (labai smulkaus) cukraus

25 g/1 uncijos/2 šaukštai sviesto arba margarino

225 g/8 uncijos/2 puodeliai stiprių paprastų (duonos) miltų

1 plaktas kiaušinis Įdarui:

50 g/2 uncijos/¼ puodelio sviesto arba margarino, suminkštinto

50 g/2 uncijos/¼ puodelio maltų migdolų

50 g/2 uncijos/¼ puodelio minkšto rudojo cukraus

Užpilui:
100 g/4 uncijos/2/3 puodelio cukraus pudros (konditerių), išsijotas

15 ml/1 valgomasis šaukštas šilto vandens

30 ml/2 šaukštai susmulkintų (smulkintų) migdolų

Pieną supilkite ant mielių ir cukraus ir sumaišykite. Palikite šiltoje vietoje, kol suputos. Sviestą arba margariną įtrinkite į miltus. Įmaišykite mielių mišinį ir kiaušinį ir gerai išplakite. Dubenį uždenkite aliejumi patepta maistine plėvele (plastikine plėvele) ir palikite šiltoje vietoje 1 val. Dar kartą minkykite, tada suformuokite maždaug 30 x 23 cm stačiakampį. Tešlą ištepkite sviestu arba margarinu įdarui ir pabarstykite maltais migdolais bei cukrumi. Susukite į ilgą dešrelę ir suformuokite žiedą, kraštus uždenkite trupučiu vandens. Du trečdalius rulono kelio perpjaukite maždaug 3 cm/1½ intervalais ir padėkite ant riebalais išteptos kepimo (sausainių) skardos. Palikite šiltoje vietoje 20 minučių. Kepkite iki 200°C/425°F/dujų 7 įkaitintoje orkaitėje 15 minučių. Sumažinkite orkaitės temperatūrą iki 180°C/350°F/dujoms 4 dar 15 minučių.

Tuo tarpu sumaišykite cukraus pudrą ir vandenį, kad susidarytų glazūra. Kai atvės, aptepkite pyragą ir papuoškite migdolų drožlėmis.

Lardy tortas

Padaro vieną 23 x 18 cm / 9 x 7 tortą

15 g/½ uncijos šviežių mielių arba 20 ml/4 šaukštelio džiovintų mielių

5 ml/1 arbatinis šaukštelis smulkaus cukraus

300 ml/½ pt/1¼ puodelio šilto vandens

150 g / 5 uncijos / 2/3 puodelio taukų (sutrumpinimas)

450 g/1 svaras/4 puodeliai stiprių (duonos) miltų

Žiupsnelis druskos

100 g/4 uncijos/2/3 puodelio sultonų (auksinių razinų)

100 g / 4 uncijos / 2/3 puodelio skaidraus medaus

Mieles sumaišykite su cukrumi ir trupučiu šilto vandens ir palikite šiltoje vietoje 20 min., kol suputos.

Į miltus ir druską įtrinkite 25 g kiaulės taukų ir centre padarykite duobutę. Supilkite mielių mišinį ir likusį šiltą vandenį ir išmaišykite iki standžios tešlos. Minkyti iki vientisos ir elastingos masės. Dėkite į aliejumi pateptą dubenį, uždenkite aliejumi patepta maistine plėvele (plastikine plėvele) ir palikite šiltoje vietoje apie 1 val., kol padvigubės.

Likusius taukus supjaustykite kubeliais. Dar kartą minkykite tešlą, tada iškočiokite iki maždaug 35 x 23 cm (14 x 9 colių) stačiakampio. Viršutinius du trečdalius tešlos padenkite trečdaliu taukų, trečdaliu sultonų ir ketvirtadaliu tešlos. medus. Paprastą trečdalį tešlos užlenkite virš įdaro, tada viršutinį trečdalį užlenkite žemyn. Suspauskite kraštus, kad užsandarintumėte, tada apverskite tešlą ketvirtadaliu, kad užlenkimas būtų jūsų kairėje. Iškočiokite ir pakartokite procesą dar du kartus, kad sunaudotumėte visus lašinius ir sultonus. Dėkite ant riebalais išteptos kepimo (sausainių) skardos ir ant viršaus peiliu pažymėkite kryžminį raštą. Uždenkite ir palikite šiltoje vietoje 40 minučių.

Kepkite iki 220°C/425°F/dujų žymeklio 7 įkaitintoje orkaitėje 40 minučių. Viršų apšlakstykite likusiu medumi, palikite atvėsti.

Kmynų sėklų lardy pyragas

Padaro vieną 23 x 18 cm / 9 x 7 tortą

450 g/1 svaro pagrindinė baltojo kepalo tešla

175 g / 6 uncijos / ¾ puodelio taukų (sutrumpinti), supjaustyti gabalėliais

175 g / 6 uncijos / ¾ puodelio smulkaus (labai smulkaus) cukraus

15 ml/1 valgomasis šaukštas kmynų

Paruoškite tešlą, tada iškočiokite ją ant lengvai miltais pabarstyto paviršiaus iki maždaug 35 x 23 cm (14 x 9 colių) stačiakampio. Viršutinius du trečdalius tešlos pabarstykite puse lašinių ir puse cukraus, tada išlankstykite lygumą. trečdalį tešlos, o viršutinę dalį užlenkite trečdaliu žemyn. Tešlą pasukite ketvirtį apsisukimo, kad raukšlė būtų jūsų kairėje, tada vėl iškočiokite ir taip pat pabarstykite likusiais lašiniais ir cukrumi bei kmynais. Dar kartą sulenkite, tada suformuokite taip, kad tilptų į kepimo formą (kepimo skardą), o viršų supjaustykite deimantų formomis. Uždenkite aliejumi patepta maistine plėvele (plastikine plėvele) ir palikite šiltoje vietoje apie 30 minučių, kol padvigubės.

Kepkite iki 200°C/400°F/dujų žymeklio 6 įkaitintoje orkaitėje 1 valandą. Palikite 15 minučių atvėsti skardoje, kad riebalai įsigertų į tešlą, tada išverskite ant grotelių, kad visiškai atvėstų.

Marmurinis pyragas

Padaro vieną 20 cm/8 tortą

175 g/6 uncijos/¾ puodelio sviesto arba margarino, suminkštinto

175 g / 6 uncijos / ¾ puodelio smulkaus (labai smulkaus) cukraus

3 kiaušiniai, lengvai paplakti

225 g/8 uncijos/2 puodeliai savaime kylančių (savaime kylančių) miltų

Keli lašai migdolų esencijos (ekstrakto)

Keli lašai žalių maistinių dažų

Keli lašai raudonų maistinių dažų

Sumaišykite sviestą arba margariną ir cukrų iki šviesios ir purios masės. Palaipsniui įmuškite kiaušinius, tada įmaišykite miltus. Padalinkite mišinį į tris. Trečdalį įpilkite migdolų esencijos, trečdalį žalių maistinių dažų, o likusį trečdalį – raudonų maistinių dažų. Didelius šaukštus trijų mišinių pakaitomis dėkite į riebalais išteptą ir išklotą 20 cm/8 storio torto formą (kepimo formą) ir kepkite iki 180°C/350°F/gasmark 4 įkaitintoje orkaitėje 45 minutes, kol gražiai pakils ir taps elastinga. prisilietimas.

Linkolnšyro sluoksnio pyragas

Padaro vieną 20 cm/8 tortą

175 g/6 uncijos/¾ puodelio sviesto arba margarino

350 g/12 uncijų/3 puodeliai paprastų (universalių) miltų

Žiupsnelis druskos

150 ml / ¼ pt / 2/3 puodelio pieno

15 ml/1 a.š. sausų mielių Įdarui:

225 g/8 uncijos/11/3 puodeliai sultonų (auksinių razinų)

225 g / 8 uncijos / 1 puodelis minkšto rudojo cukraus

25 g/1 uncijos/2 šaukštai sviesto arba margarino

2,5 ml/½ šaukštelio maltų kvapiųjų pipirų

1 kiaušinis, atskirtas

Pusę sviesto arba margarino įtrinkite į miltus ir druską, kol masė taps panaši į džiūvėsėlius. Likusį sviestą arba margariną pašildykite su pienu iki rankų karštumo, tada šiek tiek sumaišykite su mielėmis iki pastos. Mielių mišinį ir likusį pieną bei sviestą įmaišykite į miltų mišinį ir minkykite iki minkštos tešlos. Dėkite į aliejumi pateptą dubenį, uždenkite ir palikite šiltoje vietoje apie 1 val., kol padvigubės. Tuo tarpu visus įdaro ingredientus, išskyrus kiaušinio baltymą, sudėkite į keptuvę ant nedidelės ugnies ir palikite, kol išsilydys.

Iškočiokite ketvirtadalį tešlos iki 20 cm/8 apskritimo ir aptepkite trečdaliu įdaro. Pakartokite su likusiais tešlos kiekiais ir įdaru, uždėdami tešlos apskritimą. Aptepkite kraštus kiaušinio plakiniu ir užsandarinkite. Kepkite iki 190°C/375°F/dujų žymeklio 5 įkaitintoje orkaitėje 20 minučių. Viršų patepkite kiaušinio plakiniu, tada grįžkite į orkaitę dar 30 minučių, kol taps auksinės spalvos.

Duonos pyragas

Padaro vieną 900 g/2 svarų pyragą

175 g/6 uncijos/¾ puodelio sviesto arba margarino, suminkštinto

275 g / 10 uncijos / 1¼ puodeliai smulkaus (labai smulkaus) cukraus

Nutarkuota žievelė ir ½ citrinos sultys

120 ml / 4 fl uncijos / ½ puodelio pieno

275 g/10 oz/2¼ puodeliai savaime kylančių (savaime kylančių) miltų

5 ml/1 šaukštelis druskos

5 ml/1 arbatinis šaukštelis kepimo miltelių

3 kiaušiniai

Cukraus glazūra (konditerinis) sijotas, skirtas dulkėms

Sviestą arba margariną, cukrų ir citrinos žievelę sutrinkite iki šviesios ir purios masės. Įmaišykite citrinos sultis ir pieną, tada įmaišykite miltus, druską ir kepimo miltelius ir išmaišykite iki vientisos masės. Palaipsniui įmuškite kiaušinius, kiekvieną kartą gerai išplakite. Šaukštu supilkite mišinį į riebalais išteptą ir išklotą 900 g (2 svarų) kepimo skardą ir kepkite iki 150°F/300°F/dujinės markės 2 įkaitintoje orkaitėje 1¼ valandos, kol taps elastinga. Palikite 10 minučių atvėsti skardoje, prieš išversdami, kad baigtumėte atvėsti ant grotelių. Patiekite apibarstę cukraus pudra.

Marmeladinis pyragas

Padaro vieną 18 cm/7 tortą

175 g/6 uncijos/¾ puodelio sviesto arba margarino, suminkštinto

175 g / 6 uncijos / ¾ puodelio smulkaus (labai smulkaus) cukraus

3 kiaušiniai, atskirti

300 g/10 oz/2½ puodelių savaime kylančių (savaime kylančių) miltų

45 ml/3 šaukštai tiršto marmelado

50 g/2 uncijos/1/3 puodelio susmulkintos mišrios (cukruotos) žievelės

Nutarkuota 1 apelsino žievelė

45 ml / 3 šaukštai vandens

Glajui (glaistui):
100 g/4 uncijos/2/3 puodelio cukraus pudros (konditerių), išsijotas

1 apelsino sultys

Keletas griežinėlių kristalizuoto (cukruoto) apelsino

Sumaišykite sviestą arba margariną ir cukrų iki šviesios ir purios masės. Palaipsniui įmuškite kiaušinių trynius, tada 15 ml/1 a.š miltų. Supilkite marmeladą, sumaišytą žievelę, apelsino žievelę ir vandenį, tada suberkite likusius miltus. Kiaušinių baltymus išplakti iki standžių putų, tada metaliniu šaukštu įmaišyti į masę. Šaukštu dėkite į riebalais išteptą ir 18 cm/7 išklotą torto formą (keptą) ir kepkite iki 180°C įkaitintoje orkaitėje 1¼ valandos, kol gerai iškils ir taps elastinga liesti. Palikite 5 minutes atvėsti skardoje, tada išverskite ant grotelių, kad baigtumėte atvėsti.

Norėdami pagaminti glajų, cukraus pudrą suberkite į dubenį ir centre padarykite duobutę. Palaipsniui įpilkite pakankamai apelsinų sulčių, kad gautumėte plintančią konsistenciją. Šaukštu aptepkite pyragą ir apleiskite šonus ir palikite sustingti. Papuoškite kristalizuoto apelsino griežinėliais.

Aguonų pyragas

Padaro vieną 20 cm/8 tortą

250 ml / 8 fl oz / 1 puodelis pieno

100 g/4 uncijos/1 puodelis aguonų

225 g/8 uncijos/1 puodelis sviesto arba margarino, suminkštinto

225 g / 8 uncijos / 1 puodelis minkšto rudojo cukraus

3 kiaušiniai, atskirti

100 g/4 uncijos/1 puodelis paprastų (universalių) miltų

100 g/4 uncijos/1 puodelis pilno grūdo (viso grūdo) miltų

5 ml/1 arbatinis šaukštelis kepimo miltelių

Pieną užvirkite nedidelėje keptuvėje su aguonomis, tada nukelkite nuo ugnies, uždenkite ir palikite 30 minučių mirkti. Sviestą arba margariną ir cukrų sutrinkite iki šviesios ir purios masės. Pamažu įmuškite kiaušinių trynius, tada suberkite miltus ir kepimo miltelius. Įmaišykite aguonas ir pieną. Kiaušinių baltymus išplakti iki standžių putų, tada metaliniu šaukštu įmaišyti į masę. Šaukštu sudėkite į riebalais išteptą ir 20 cm/8 išklotą torto formą ir kepkite iki 180°C/350°F/dujų žymeklio 4 įkaitintoje orkaitėje 1 valandą, kol į centrą įsmeigtas iešmas išeis švarus. Palikite 10 minučių atvėsti skardoje, prieš išversdami, kad baigtumėte atvėsti ant grotelių.

Paprastas jogurtinis pyragas

Padaro vieną 23 cm/9 tortą

150 g/5 uncijos paprasto jogurto

150 ml / ¼ pt / 2/3 puodelio aliejaus

225 g / 8 uncijos / 1 puodelis smulkaus (labai smulkaus) cukraus

225 g/8 uncijos/2 puodeliai savaime kylančių (savaime kylančių) miltų

10 ml/2 šaukštelio kepimo miltelių

2 kiaušiniai, sumušti

Sumaišykite visus ingredientus iki vientisos masės, tada šaukštu supilkite į riebalais išteptą ir išklotą 23 cm/9 torto formą. Kepkite iki 160 °C įkaitintoje orkaitėje 1¼ valandos, kol taps elastinga. Palikite atvėsti skardoje.

Slyvų ir kremo pyragas

Padaro vieną 23 cm/9 tortą

Įdarui:

150 g/5 uncijos/2/3 puodelio slyvų be kauliukų, stambiai pjaustytų

120 ml / 4 fl uncijos / ½ puodelio apelsinų sulčių

50 g / 2 uncijos / ¼ puodelio smulkaus (labai smulkaus) cukraus

30 ml/2 šaukštai kukurūzų miltų (kukurūzų krakmolo)

175 ml/6 fl oz/¾ puodelio pieno

2 kiaušinių tryniai

Smulkiai tarkuota 1 apelsino žievelė

Dėl torto:

175 g/6 uncijos/¾ puodelio sviesto arba margarino, suminkštinto

225 g / 8 uncijos / 1 puodelis smulkaus (labai smulkaus) cukraus

3 kiaušiniai, lengvai paplakti

200 g/7 uncijos/1¾ puodeliai paprastų (universalių) miltų

10 ml/2 šaukštelio kepimo miltelių

2,5 ml/½ šaukštelio tarkuoto muskato riešuto

75 ml/5 šaukštai apelsinų sulčių

> Pirmiausia pasigaminkite įdarą. Mirkykite slyvas apelsinų sultyse mažiausiai dvi valandas.

Sumaišykite cukrų ir kukurūzų miltus į tyrę su trupučiu pieno. Likusį pieną užvirinkite puode. Supilkite cukrų ir kukurūzų miltus ir gerai išmaišykite, tada grąžinkite į išplautą keptuvę ir įmuškite kiaušinių trynius. Suberkite apelsino žievelę ir maišykite ant labai mažos ugnies, kol sutirštės, bet neleiskite kremui užvirti. Įdėkite keptuvę į dubenį su šaltu vandeniu ir retkarčiais pamaišykite kremą, kol jis atvėsta.

Norėdami pagaminti pyragą, sumaišykite sviestą arba margariną ir cukrų iki šviesios ir purios masės. Pamažu įmuškite kiaušinius, tada pakaitomis su apelsinų sultimis įmaišykite miltus, kepimo miltelius ir muskato riešutą. Pusę tešlos šaukštu supilkite į riebalais išteptą 23 cm/9 skersmens torto formą, tada ant viršaus paskleiskite kremą, palikdami tarpą aplink kraštą. Ant kremo užpilkite džiovintas slyvas ir mirkymo sultis, tada uždenkite likusiu pyrago mišiniu, įsitikinkite, kad pyrago mišinys šonuose gerai įsilieja į įdarą ir įdaras yra visiškai padengtas. Kepkite iki 200°C įkaitintoje orkaitėje 35 minutes, kol taps auksinės rudos spalvos ir susitrauks nuo skardos kraštų. Prieš išversdami palikite atvėsti skardoje.

Aviečių banguotas pyragas su šokoladiniu glajumi

Padaro vieną 20 cm/8 tortą

175 g/6 uncijos/¾ puodelio sviesto arba margarino, suminkštinto

175 g / 6 uncijos / ¾ puodelio smulkaus (labai smulkaus) cukraus

3 kiaušiniai, lengvai paplakti

225 g/8 uncijos/2 puodeliai savaime kylančių (savaime kylančių) miltų

100 g/4 uncijos aviečių Glajui (glaistui) ir papuošimui:

Baltojo šokolado sviesto glajus

100 g/4 uncijos/1 puodelis paprasto (pusiau saldaus) šokolado

Sumaišykite sviestą arba margariną ir cukrų iki šviesios ir purios masės. Palaipsniui įmuškite kiaušinius, tada įmaišykite miltus. Avietes sutrinkite, tada pertrinkite per sietelį (koštuvą), kad pašalintumėte sėklalizdžius. Supilkite tyrę į pyrago mišinį, kad ji per mišinį pasidarytų marmuru ir nesimaišytų. Šaukštu dėkite į riebalais išteptą ir 20 cm/8 storio torto formą ir kepkite iki 180°C/350° įkaitintoje orkaitėje. F/ dujinis ženklas 4 45 minutes, kol gerai pakils ir taps elastingas liesti. Perkelkite ant grotelių, kad atvėstų.

Tortą aptepkite sviestiniu glajumi ir šakute išlyginkite paviršių. Ištirpinkite šokoladą karščiui atspariame dubenyje, pastatytame virš puodo su švelniai verdančiu vandeniu. Paskleiskite ant kepimo (sausainių) skardos ir palikite, kol beveik sustings. Aštriu peiliu perbraukite šokoladą, kad susidarytų garbanos. Naudokite torto viršaus papuošimui.

Smėlio pyragas

Padaro vieną 20 cm/8 tortą

75 g/3 uncijos/1/3 puodelio sviesto arba margarino, suminkštinto

75 g/3 uncijos/1/3 puodelio smulkaus (labai smulkaus) cukraus

2 kiaušiniai, lengvai paplakti

100 g / 4 uncijos / 1 puodelis kukurūzų miltų (kukurūzų krakmolo)

25 g/1 oz/¼ puodelio paprastų (universalių) miltų

5 ml/1 arbatinis šaukštelis kepimo miltelių

50 g/2 uncijos/½ puodelio kapotų sumaišytų riešutų

Sumaišykite sviestą arba margariną ir cukrų iki šviesios ir purios masės. Palaipsniui įmuškite kiaušinius, tada įmaišykite kukurūzų miltus, miltus ir kepimo miltelius. Šaukštu supilkite mišinį į riebalais išteptą 20 cm/8 kvadratinę torto formą ir pabarstykite smulkintais riešutais. Kepkite iki 180°C įkaitintoje orkaitėje 1 valandą, kol taps elastinga.

Sėklų pyragas

Padaro vieną 18 cm/7 tortą

100 g/4 uncijos/½ puodelio sviesto arba margarino, suminkštinto

100 g/4 uncijos/½ puodelio smulkaus (labai smulkaus) cukraus

2 kiaušiniai, lengvai paplakti

225 g/8 uncijos/2 puodeliai paprastų (universalių) miltų

25 g/1 oz/¼ puodelio kmynų

5 ml/1 arbatinis šaukštelis kepimo miltelių

Žiupsnelis druskos

45 ml/3 šaukštai pieno

Sumaišykite sviestą arba margariną ir cukrų iki šviesios ir purios masės. Pamažu įmuškite kiaušinius, tada įmaišykite miltus, kmynus, kepimo miltelius ir druską. Įmaišykite tiek pieno, kad susidarytų konsistencija. Šaukštu dėkite į riebalais išteptą ir 18 cm/7 storio torto formą (kepta) ir kepkite iki 200°C įkaitintoje orkaitėje 1 valandą, kol taps elastinga ir pradės trauktis nuo šonų. iš alavo.

Prieskonių žiedų pyragas

Padaro vieną 23 cm/9 žiedą

1 obuolys, nuluptas, nuluptas ir tarkuotas

30 ml/2 šaukštai citrinos sulčių

25 g / 8 uncijos / 1 puodelis minkšto rudojo cukraus

5 ml/1 šaukštelis malto imbiero

5 ml/1 šaukštelis malto cinamono

2,5 ml/½ šaukštelio maltų mišrių (obuolių pyrago) prieskonių

225 g/8 uncijos/2/3 puodelio auksinio (šviesaus kukurūzų) sirupo

250 ml/8 fl oz/1 puodelis aliejaus

10 ml/2 šaukštelio kepimo miltelių

400 g / 14 uncijos / 3½ puodeliai paprastų (universalių) miltų

10 ml/2 šaukštelis sodos bikarbonato (kepimo soda)

250 ml/8 fl oz/1 puodelis karštos stiprios arbatos

1 kiaušinis, sumuštas

Cukraus glazūra (konditerinis) sijotas, skirtas dulkėms

Sumaišykite obuolių ir citrinų sultis. Įmaišykite cukrų ir prieskonius, tada sirupą ir aliejų. Į miltus suberkite kepimo miltelius, o į karštą arbatą – sodos bikarbonatą. Juos pakaitomis įmaišykite į mišinį, tada įmaišykite kiaušinį. Šaukštu supilkite į riebalais išteptą ir 23 cm/9 skersmens giliai išklotą torto formą ir kepkite iki 180°C įkaitintoje orkaitėje 4 1 valandą, kol taps elastinga. Palikite 10 minučių atvėsti skardoje, tada išverskite ant grotelių, kad baigtumėte atvėsti. Patiekite apibarstę cukraus pudra.

Aštrus sluoksninis pyragas

Padaro vieną 23 cm/9 tortą

100 g/4 uncijos/½ puodelio sviesto arba margarino, suminkštinto

100 g / 4 uncijos / ½ puodelio granuliuoto cukraus

100 g/4 uncijos/½ puodelio minkšto rudojo cukraus

2 kiaušiniai, sumušti

175 g/6 uncijos/1½ puodelio paprastų (universalių) miltų

5 ml/1 arbatinis šaukštelis kepimo miltelių

5 ml/1 šaukštelis malto cinamono

2,5 ml/½ šaukštelio sodos bikarbonato (kepimo soda)

2,5 ml/½ šaukštelio maltų mišrių (obuolių pyrago) prieskonių

Žiupsnelis druskos

200 ml / 7 fl oz / nedaug 1 puodelis konservuoto išgarinto pieno

Citrininio sviesto glajus

Sviestą arba margariną ir cukrų sutrinkite iki šviesios ir purios masės. Palaipsniui įmuškite kiaušinius, tada įmaišykite sausus ingredientus ir išgarintą pieną ir išmaišykite iki vientisos masės. Šaukštu sudėkite į dvi riebalais išteptas ir 23 cm/9 skersmens išklotas pyrago formeles ir kepkite iki 180°C įkaitintoje orkaitėje 30 minučių, kol taps elastingos. Palikite atvėsti, tada sumuštinį kartu su citrininio sviesto glajumi.

Cukraus ir cinamono pyragas

Padaro vieną 23 cm/9 tortą

175 g/6 uncijos/1½ puodeliai savaime kylančių (savaime kylančių) miltų

10 ml/2 šaukštelio kepimo miltelių

Žiupsnelis druskos

175 g / 6 uncijos / ¾ puodelio smulkaus (labai smulkaus) cukraus

50 g/2 uncijos/¼ puodelio sviesto arba margarino, ištirpinto

1 kiaušinis, lengvai paplaktas

120 ml / 4 fl uncijos / ½ puodelio pieno

2,5 ml/½ šaukštelio vanilės esencijos (ekstraktas)

Užpilui:
50 g/2 uncijos/¼ puodelio sviesto arba margarino, ištirpinto

50 g/2 uncijos/¼ puodelio minkšto rudojo cukraus

2,5 ml/½ šaukštelio malto cinamono

Suplakite visus pyrago ingredientus iki vientisos masės ir gerai išplakite. Šaukštu dėkite į riebalais išteptą 23 cm/9 skersmens torto formą (keptą) ir kepkite iki 180°C/350°F/dujų žymeklio 4 įkaitintoje orkaitėje 25 minutes, kol taps auksinės spalvos. Šiltą pyragą aptepkite sviestu. Sumaišykite cukrų ir cinamoną ir pabarstykite ant viršaus. Grąžinkite pyragą į orkaitę dar 5 minutėms.

Viktorijos laikų arbatos pyragas

Padaro vieną 20 cm/8 tortą

225 g/8 uncijos/1 puodelis sviesto arba margarino, suminkštinto

225 g / 8 uncijos / 1 puodelis smulkaus (labai smulkaus) cukraus

225 g/8 uncijos/2 puodeliai savaime kylančių (savaime kylančių) miltų

25 g / 1 uncija / ¼ puodelio kukurūzų miltų (kukurūzų krakmolo)

30 ml/2 šaukštai kmynų

5 kiaušiniai, atskirti

Granuliuotas cukrus pabarstymui

Sviestą arba margariną ir cukrų sutrinkite iki šviesios ir purios masės. Suberkite miltus, kukurūzų miltus ir kmynus. Išplakite kiaušinių trynius, tada įmaišykite juos į mišinį. Kiaušinių baltymus išplakti iki standžių putų, tada metaliniu šaukštu atsargiai įmaišyti į masę. Šaukštu dėkite į riebalais išteptą ir 20 cm/8 storio torto formą (keptą) ir pabarstykite cukrumi. Kepkite iki 180°C įkaitintoje orkaitėje 1,5 valandos, kol taps auksinės rudos spalvos ir pradės trauktis nuo skardos kraštų.

„Viskas viename" vaisių pyragas

Padaro vieną 20 cm/8 tortą

175 g/6 uncijos/¾ puodelio sviesto arba margarino, suminkštinto

175 g/6 uncijos/¾ puodelio minkšto rudojo cukraus

3 kiaušiniai

15 ml/1 valgomasis šaukštas auksinio (šviesaus kukurūzų) sirupo

100 g/4 uncijos/½ puodelio glazūruotų (cukruotų) vyšnių

100 g/4 uncijos/2/3 puodelio sultonų (auksinių razinų)

100 g/4 uncijos/2/3 puodelio razinų

225 g/8 uncijos/2 puodeliai savaime kylančių (savaime kylančių) miltų

10 ml/2 arb. maltų mišrių (obuolių pyrago) prieskonių

Visus ingredientus sudėkite į dubenį ir plakite, kol gerai susimaišys, arba apdorokite virtuviniu kombainu. Šaukštu sudėkite į riebalais išteptą ir 20 cm/8 skersmens išklotą torto formą ir kepkite iki 160°C įkaitintoje orkaitėje 1½ valandos, kol į centrą įsmeigtas iešmas išeis švarus. Palikite skardoje 5 minutes, tada išverskite ant grotelių, kad baigtumėte atvėsti.

„Viskas viename" vaisių pyragas

Padaro vieną 20 cm/8 tortą

350 g / 12 uncijos / 2 puodeliai džiovintų mišrių vaisių (vaisių pyrago mišinys)

100 g/4 uncijos/½ puodelio sviesto arba margarino

100 g/4 uncijos/½ puodelio minkšto rudojo cukraus

150 ml / ¼ pt / 2/3 puodelio vandens

2 dideli kiaušiniai, sumušti

225 g/8 uncijos/2 puodeliai savaime kylančių (savaime kylančių) miltų

5 ml/1 šaukštelis maltų mišrių (obuolių pyrago) prieskonių

Vaisius, sviestą arba margariną, cukrų ir vandenį sudėkite į keptuvę, užvirinkite, tada švelniai virkite 15 minučių. Palikite atvėsti. Įmaišykite šaukštus kiaušinių pakaitomis su miltais ir sumaišytais prieskoniais ir gerai išmaišykite. Šaukštu sudėkite į riebalais išteptą 20 cm/8 skersmens torto formą (kepimo skardą) ir kepkite iki 140°C įkaitintoje orkaitėje 1–1,5 valandos, kol į centrą įsmeigtas iešmas išeis švarus.

Australijos vaisių pyragas

Padaro vieną 900 g/2 svarų pyragą

100 g/4 uncijos/½ puodelio sviesto arba margarino

225 g / 8 uncijos / 1 puodelis minkšto rudojo cukraus

250 ml / 8 fl oz / 1 puodelis vandens

350 g / 12 uncijos / 2 puodeliai džiovintų mišrių vaisių (vaisių pyrago mišinys)

5 ml/1 arbatinis šaukštelis sodos bikarbonatas (kepimo soda)

10 ml/2 arb. maltų mišrių (obuolių pyrago) prieskonių

5 ml/1 šaukštelis malto imbiero

100 g/4 uncijos/1 puodelis savaime kylančių (savaime kylančių) miltų

100 g/4 uncijos/1 puodelis paprastų (universalių) miltų

1 kiaušinis, sumuštas

Visus ingredientus, išskyrus miltus ir kiaušinį, užvirinkite keptuvėje. Nukelkite nuo ugnies ir palikite atvėsti. Įmaišykite miltus ir kiaušinį. Sudėkite mišinį į riebalais išteptą ir išklotą 900 g sveriančią kepimo formą ir kepkite iki 160°C/325°F/dujų žymė 3 įkaitintoje orkaitėje 1 valandą, kol gerai pakils ir į centrą įsmeigtas iešmas. išvalytas.

Amerikietiškas turtingas pyragas

Padaro vieną 25 cm/10 tortą

225 g / 8 uncijos / 11/3 puodeliai serbentų

100 g/4 uncijos/1 puodelis blanširuotų migdolų

15 ml/1 valgomasis šaukštas apelsinų žiedų vandens

45 ml/3 šaukštai sauso šerio

1 didelis kiaušinio trynys

2 kiaušiniai

350 g/12 uncijos/1½ puodelio sviesto arba margarino, suminkštinto

175 g / 6 uncijos / ¾ puodelio smulkaus (labai smulkaus) cukraus

Žiupsnelis maltų makalų

Žiupsnelis malto cinamono

Žiupsnelis maltų gvazdikėlių

Žiupsnelis malto imbiero

Žiupsnelis tarkuoto muskato riešuto

30 ml/2 šaukštai brendžio

225 g/8 uncijos/2 puodeliai paprastų (universalių) miltų

50 g/2 uncijos/½ puodelio susmulkintos mišrios (cukruotos) žievelės

Serbentus 15 minučių pamirkykite karštame vandenyje, tada gerai nusausinkite. Migdolus sutrinkite su apelsinų žiedų vandeniu ir 15 ml/1 šaukštu šerio iki smulkios masės. Suplakite kiaušinio trynį ir kiaušinius. Sumaišykite sviestą arba margariną ir cukrų, tada įmaišykite migdolų mišinį ir kiaušinius ir plakite iki baltumo ir tirštos masės. Suberkite prieskonius, likusį šerį ir brendį. Įmaišykite miltus, tada įmaišykite serbentus ir sumaišytą žievelę.

Šaukštu sudėkite į riebalais išteptą 25 cm/10 skersmens torto formą ir kepkite iki 180°C/350°F/dujinės žymos 4 įkaitintoje orkaitėje apie 1 valandą, kol į centrą įsmeigtas iešmas išeis švarus.

Carob vaisių pyragas

Padaro vieną 18 cm/7 tortą

450 g / 1 svaras / 22/3 puodeliai razinų

300 ml/½ pt/1¼ puodelio apelsinų sulčių

175 g/6 uncijos/¾ puodelio sviesto arba margarino, suminkštinto

3 kiaušiniai, lengvai paplakti

225 g/8 uncijos/2 puodeliai paprastų (universalių) miltų

75 g/3 uncijos/¾ puodelio karobų miltelių

10 ml/2 šaukštelio kepimo miltelių

Nutarkuota 2 apelsinų žievelė

50 g / 2 uncijos / ½ puodelio graikinių riešutų, susmulkintų

Razinas per naktį pamirkykite apelsinų sultyse. Sumaišykite sviestą arba margariną ir kiaušinius iki vientisos masės. Palaipsniui įmaišykite razinas ir apelsinų sultis bei likusius ingredientus. Šaukštu dėkite į riebalais išteptą ir 18 cm/7 išklotą torto formą (keptą) ir kepkite iki 180°C/350°F/dujų žymeklio 4 įkaitintoje orkaitėje 30 minučių, tada sumažinkite orkaitės temperatūrą iki 160°C/325°. F/dujų žyma 3 dar 1¼ valandos, kol į centrą įkištas iešmas išeis švarus. Palikite 10 minučių atvėsti skardoje, prieš iškeldami ant grotelių, kad baigtumėte atvėsti.

Kavos vaisių pyragas

Padaro vieną 25 cm/10 tortą

450 g / 1 svaras / 2 puodeliai smulkaus (labai smulkaus) cukraus

450 g/1 svaras/2 puodeliai datulių be kauliukų, pjaustytų

450 g / 1 svaras / 22/3 puodeliai razinų

450 g/1 svaras/22/3 puodeliai sultonų (auksinių razinų)

100 g / 4 uncijos / ½ puodelio glazūruotų (cukruotų) vyšnių, kapotų

100 g / 4 uncijos / 1 puodelis kapotų sumaišytų riešutų

450 ml/¾ pt/2 puodeliai stiprios juodos kavos

120 ml/4 fl uncijos/½ puodelio aliejaus

100 g/4 uncijos/1/3 puodelio auksinio (šviesaus kukurūzų) sirupo

10 ml/2 šaukštelio malto cinamono

5 ml/1 šaukštelis tarkuoto muskato riešuto

Žiupsnelis druskos

10 ml/2 šaukštelis sodos bikarbonato (kepimo soda)

15 ml/1 valgomasis šaukštas vandens

2 kiaušiniai, lengvai paplakti

450 g/1 svaras/4 puodeliai paprastų (universalių) miltų

120 ml / 4 fl uncijos / ½ puodelio šerio arba brendžio

Visus ingredientus, išskyrus sodos bikarbonatą, vandenį, kiaušinius, miltus ir cheresą arba brendį, užvirinkite kietoje keptuvėje. Virkite 5 minutes nuolat maišydami, tada nukelkite nuo ugnies ir palikite atvėsti.

Sumaišykite sodos bikarbonatą su vandeniu ir supilkite į vaisių mišinį su kiaušiniais ir miltais. Šaukštu supilkite į riebalais išteptą ir 25 cm/10 išklotą torto formoje (keptuvėje) ir išorėje suriškite dvigubą riebalams atsparaus (vaškuoto) popieriaus sluoksnį, kad jis būtų virš formos viršaus. Kepkite iki 160°C/325°F/dujų žymeklio 3 įkaitintoje orkaitėje 1 valandą. Sumažinkite orkaitės temperatūrą iki 150°C/300°F/dujų žymės 2 ir kepkite dar 1 valandą. Sumažinkite orkaitės temperatūrą iki 140°C/275°F/dujų žymė 1 ir kepkite trečią valandą. Vėl sumažinkite orkaitės temperatūrą iki 120°C/250°F/dujų žymės ½ ir kepkite paskutinę valandą, jei pyrago viršus pradėtų per daug ruduoti, padengti riebalams atspariu (vaškuotu) popieriumi. Iškepus į centrą įsmeigtas iešmas išeis švarus ir pyragas pradės trauktis nuo formos kraštų.

Sunkusis Kornvalio pyragas

Padaro vieną 900 g/2 svarų pyragą

350 g/12 uncijų/3 puodeliai paprastų (universalių) miltų

2,5 ml / ½ šaukštelio druskos

175 g / 6 uncijos / ¾ puodelio taukų (sutrumpinimas)

75 g/3 uncijos/1/3 puodelio smulkaus (labai smulkaus) cukraus

175 g / 6 uncijos / 1 puodelis serbentų

Šiek tiek pjaustytos mišrios (cukruotos) žievelės (nebūtina)

Apie 150 ml/¼ pt/2/3 puodelio pieno ir vandens mišinio

1 kiaušinis, sumuštas

Miltus ir druską suberkite į dubenį, tada įtrinkite į lašinius, kol mišinys taps panašus į džiūvėsėlius. Įmaišykite likusius sausus ingredientus. Palaipsniui įpilkite pieno ir vandens tiek, kad susidarytų standi tešla. Labai daug neprireiks. Iškočiokite ant riebalais išteptos kepimo (sausainių) skardos iki maždaug 1 cm/½ storio. Aptepkite plaktu kiaušiniu. Ant viršaus peilio galu nupieškite kryžminį raštą. Kepkite iki 160°C įkaitintoje orkaitėje apie 20 minučių iki auksinės spalvos. Leiskite atvėsti, tada supjaustykite kvadratėliais.

Serbentų pyragas

Padaro vieną 23 cm/9 tortą

225 g/8 uncijos/1 puodelis sviesto arba margarino

300 g / 11 uncijos / 1½ puodelio smulkaus (labai smulkaus) cukraus

Žiupsnelis druskos

100 ml / 3½ fl uncijos / 6½ šaukštai verdančio vandens

3 kiaušiniai

400 g / 14 uncijos / 3½ puodeliai paprastų (universalių) miltų

175 g / 6 uncijos / 1 puodelis serbentų

50 g/2 uncijos/½ puodelio susmulkintos mišrios (cukruotos) žievelės

100 ml / 3½ fl uncijos / 6½ šaukštai šalto vandens

15 ml/1 valgomasis šaukštas kepimo miltelių

Sviestą arba margariną, cukrų ir druską suberkite į dubenį, užpilkite verdančiu vandeniu ir palikite pastovėti, kol suminkštės. Greitai plakite iki šviesios ir kreminės masės. Palaipsniui įmuškite kiaušinius, tada pakaitomis su šaltu vandeniu įmaišykite miltus, serbentus ir sumaišytą žievelę. Įmaišykite kepimo miltelius. Tešlą šaukštu supilkite į riebalais išteptą 23 cm/9 skersmens torto formą ir kepkite iki 180°C įkaitintoje orkaitėje 30 minučių. Sumažinkite orkaitės temperatūrą iki 150°C/300°F/dujų žymė 2 ir kepkite dar 40 minučių, kol į centrą įsmeigtas iešmas išeis švarus. Palikite 10 minučių atvėsti skardoje, prieš išversdami, kad baigtumėte atvėsti ant grotelių.

Tamsus vaisių pyragas

Padaro vieną 25 cm/10 tortą

225 g / 8 uncijos / 1 puodelis kapotų mišrių glazūruotų (cukruotų) vaisių

350 g/12 uncijų/2 puodeliai datulių be kauliukų, pjaustytų

225 g/8 uncijos/11/3 puodeliai razinų

225 g/8 uncijos/1 puodelis glazūruotų (cukruotų) vyšnių, susmulkintų

100 g/4 uncijos/½ puodelio glazūruotų (cukruotų) ananasų, pjaustytų

100 g / 4 uncijos / 1 puodelis kapotų sumaišytų riešutų

225 g/8 uncijos/2 puodeliai paprastų (universalių) miltų

5 ml/1 arbatinis šaukštelis sodos bikarbonatas (kepimo soda)

5 ml/1 šaukštelis malto cinamono

2,5 ml/½ šaukštelio kvapiųjų pipirų

1,5 ml/¼ šaukštelio maltų gvazdikėlių

1,5 ml/¼ šaukštelio druskos

225 g / 8 uncijos / 1 puodelis taukų (sutrumpinimas)

225 g / 8 uncijos / 1 puodelis minkšto rudojo cukraus

3 kiaušiniai

175 g/6 uncijos/½ puodelio juodojo melasos

2,5 ml/½ šaukštelio vanilės esencijos (ekstraktas)

120 ml / 4 fl uncijos / ½ puodelio pasukų

Sumaišykite vaisius ir riešutus. Sumaišykite miltus, sodos bikarbonatą, prieskonius ir druską ir įmaišykite 50 g / 2 uncijos / ½ puodelio į vaisius. Taukus ir cukrų išplakti iki šviesios ir purios masės. Palaipsniui įmuškite kiaušinius, kiekvieną kartą gerai išplakite. Įmaišykite melasą ir vanilės esenciją. Pakaitomis sumaišykite pasukas su likusiu miltų mišiniu ir plakite iki vientisos masės. Įmaišykite vaisius. Šaukštu supilkite į riebalais išteptą ir 25 cm/10 storio išklotą torto formą ir kepkite iki 140°C įkaitintoje orkaitėje 2,5 valandos, kol į centrą įsmeigtas iešmas išeis švarus. Palikite 10 minučių atvėsti skardoje, tada išverskite ant grotelių, kad baigtumėte atvėsti.

Iškirpkite ir ateikite dar kartą
Tortas

Padaro vieną 20 cm/8 tortą

275 g/10 uncijų/12/3 puodelių džiovintų vaisių mišinio (vaisių pyrago mišinys)

100 g/4 uncijos/½ puodelio sviesto arba margarino

150 ml / ¼ pt / 2/3 puodelio vandens

1 kiaušinis, sumuštas

225 g/8 uncijos/2 puodeliai paprastų (universalių) miltų

Žiupsnelis druskos

100 g/4 uncijos/½ puodelio smulkaus (labai smulkaus) cukraus

Vaisius, sviestą arba margariną ir vandenį sudėkite į keptuvę ir troškinkite 20 minučių. Leiskite atvėsti. Įmuškite kiaušinį, tada palaipsniui įmaišykite miltus, druską ir cukrų. Šaukštu sudėkite į riebalais išteptą 20 cm/8 skersmens torto formą ir kepkite iki 160°C įkaitintoje orkaitėje 1¼ valandos, kol į centrą įsmeigtas iešmas išeis švarus.

Dandžio pyragas

Padaro vieną 20 cm/8 tortą

225 g/8 uncijos/1 puodelis sviesto arba margarino, suminkštinto

225 g / 8 uncijos / 1 puodelis smulkaus (labai smulkaus) cukraus

4 dideli kiaušiniai

225 g/8 uncijos/2 puodeliai paprastų (universalių) miltų

Žiupsnelis druskos

350 g / 12 uncijos / 2 puodeliai serbentų

350 g/12 uncijų/2 puodeliai sultonų (auksinių razinų)

175 g/6 uncijos/1 puodelis susmulkintos mišrios (cukruotos) žievelės

100 g/4 uncijos/1 puodelis glazūruotų (cukruotų) vyšnių, supjaustytų ketvirčiais

Nutarkuota ½ citrinos žievelė

50 g/2 uncijos sveikų migdolų, blanširuotų

Sumaišykite sviestą ir cukrų iki šviesios ir šviesios masės. Po vieną įmuškite kiaušinius, gerai išplakdami tarp kiekvieno pridėjimo. Suberkite miltus ir druską. Įmaišykite vaisius ir citrinos žievelę. Susmulkinkite pusę migdolų ir suberkite į mišinį. Šaukštu supilkite į riebalais išteptą ir 20 cm/8 išklotą torto formą (keptą) ir aplink formos išorę suriškite rudo popieriaus juostelę, kad ji būtų maždaug 5 cm/2 aukštesnė už formą. Padalinkite rezervuotus migdolus ir išdėliokite juos koncentriškais apskritimais ant pyrago viršaus. Kepkite iki 150°C įkaitintoje orkaitėje 3,5 valandos, kol į centrą įsmeigtas iešmas išeis švarus. Patikrinkite po 2½ valandos ir, jei pyrago viršus pradeda per daug ruduoti, uždenkite drėgnu riebalams atspariu (vaškuotu) popieriumi ir paskutinę kepimo valandą sumažinkite orkaitės temperatūrą iki 140°C/275°F/dujų žymė 1.

Naktinis vaisių pyragas be kiaušinių

Padaro vieną 20 cm/8 tortą

50 g/2 uncijos/¼ puodelio sviesto arba margarino

225 g/8 uncijos/2 puodeliai savaime kylančių (savaime kylančių) miltų

5 ml/1 arbatinis šaukštelis sodos bikarbonatas (kepimo soda)

5 ml/1 šaukštelis tarkuoto muskato riešuto

5 ml/1 šaukštelis maltų mišrių (obuolių pyrago) prieskonių

Žiupsnelis druskos

225 g/8 uncijos/11/3 puodeliai džiovintų vaisių mišinio (vaisių pyrago mišinys)

100 g/4 uncijos/½ puodelio minkšto rudojo cukraus

250 ml / 8 fl oz / 1 puodelis pieno

Sviestą arba margariną įtrinkite į miltus, sodos bikarbonatą, prieskonius ir druską, kol masė taps panaši į džiūvėsėlius. Sumaišykite vaisius ir cukrų, tada įmaišykite pieną, kol visi ingredientai gerai susimaišys. Uždenkite ir palikite per naktį.

Supilkite mišinį į riebalais išteptą ir 20 cm/8 storio 20 cm skersmens pyrago formą ir kepkite iki 180 °C įkaitintoje orkaitėje 1¾ valandos, kol viduryje įsmeigtas iešmas išeis švarus.

Neprotingas vaisių pyragas

Padaro vieną 23 cm/9 tortą

225 g/8 uncijos/1 puodelis sviesto arba margarino

200 g/7 uncijos/nedaug 1 puodelis smulkaus cukraus

175 g / 6 uncijos / 1 puodelis serbentų

175 g/6 uncijos/1 puodelis sultonų (auksinių razinų)

50 g/2 uncijos/½ puodelio susmulkintos mišrios (cukruotos) žievelės

75 g/3 uncijos/½ puodelio datulių be kauliukų, susmulkintų

5 ml/1 arbatinis šaukštelis sodos bikarbonatas (kepimo soda)

200 ml / 7 fl uncijos / nedaug 1 puodelis vandens

75 g/2 uncijos/¼ puodelio glazūruotų (cukruotų) vyšnių, susmulkintų

100 g / 4 uncijos / 1 puodelis kapotų sumaišytų riešutų

60 ml/4 šaukštai brendžio arba šerio

300 g / 11 uncijos / 2¾ puodeliai paprastų (universalių) miltų

5 ml/1 arbatinis šaukštelis kepimo miltelių

Žiupsnelis druskos

2 kiaušiniai, lengvai paplakti

Ištirpinkite sviestą arba margariną, tada įmaišykite cukrų, serbentus, sultonus, sumaišytą žievelę ir datules. Sumaišykite sodos bikarbonatą su trupučiu vandens ir įmaišykite į vaisių mišinį su likusiu vandeniu. Užvirinkite, tada švelniai virkite 20 minučių, retkarčiais pamaišydami. Uždenkite ir palikite pastovėti per naktį. Riebalais ištepkite ir išklokite 23 cm/9 skersmens torto formą (keptą) ir suriškite dvigubą riebalams atsparaus (vaškuoto) arba rudo popieriaus sluoksnį, kad jis iškiltų virš formos viršaus. Į mišinį įmaišykite glazūruotas vyšnias, riešutus ir brendį arba šerį, tada įmaišykite miltus, kepimo miltelius ir druską. Įmuškite kiaušinius. Šaukštu dėkite į paruoštą torto formą ir kepkite iki 160°C/325°F/dujų žymeklio 3 įkaitintoje orkaitėje 1 valandą. Sumažinkite orkaitės temperatūrą iki 140°C/275°F/dujų ženklo 1 ir kepkite dar 1 valandą. Vėl sumažinkite orkaitės temperatūrą iki 120°C/250°F/dujų žymės ½ ir kepkite dar 1 valandą, kol į centrą įsmeigtas iešmas išeis švarus. Jei pyrago viršus per daug paruduoja, į kepimo pabaigą uždenkite riebalui atsparaus arba rudo popieriaus apskritimą. Leiskite 30 minučių atvėsti skardoje, tada išverskite ant grotelių, kad baigtumėte atvėsti.

Imbiero vaisių pyragas

Padaro vieną 18 cm/7 tortą

100 g/4 uncijos/½ puodelio sviesto arba margarino, suminkštinto

100 g/4 uncijos/½ puodelio smulkaus (labai smulkaus) cukraus

2 kiaušiniai, lengvai paplakti

30 ml/2 šaukštai pieno

225 g/8 uncijos/2 puodeliai savaime kylančių (savaime kylančių) miltų

5 ml/1 arbatinis šaukštelis kepimo miltelių

10 ml/2 arb. maltų mišrių (obuolių pyrago) prieskonių

5 ml/1 šaukštelis malto imbiero

100 g/4 uncijos/2/3 puodelio razinų

100 g/4 uncijos/2/3 puodelio sultonų (auksinių razinų)

Sumaišykite sviestą arba margariną ir cukrų iki šviesios ir purios masės. Palaipsniui įmaišykite kiaušinius ir pieną, tada suberkite miltus, kepimo miltelius ir prieskonius, tada vaisius. Šaukštu supilkite mišinį į riebalais išteptą ir 18 cm/7 storio torto formą ir kepkite iki 160°C įkaitintoje orkaitėje 1¼ valandos, kol gražiai pakils ir taps auksinės rudos spalvos.

Kaimo sodybos medaus vaisių pyragas

Padaro vieną 20 cm/8 tortą

175 g/6 uncijos/2/3 puodelio sviesto arba margarino, suminkštinto

175 g/6 uncijos/½ puodelio skaidraus medaus

Nutarkuota 1 citrinos žievelė

3 kiaušiniai, lengvai paplakti

225 g/8 uncijos/2 puodeliai pilno grūdo (viso grūdo) miltų

10 ml/2 šaukštelio kepimo miltelių

5 ml/1 šaukštelis maltų mišrių (obuolių pyrago) prieskonių

100 g/4 uncijos/2/3 puodelio razinų

100 g/4 uncijos/2/3 puodelio sultonų (auksinių razinų)

100 g / 4 uncijos / 2/3 puodelio serbentų

50 g/2 uncijos/1/3 puodelio paruoštų valgyti džiovintų abrikosų, susmulkintų

50 g/2 uncijos/1/3 puodelio susmulkintos mišrios (cukruotos) žievelės

25 g/1 oz/¼ puodelio maltų migdolų

25 g / 1 uncija / ¼ puodelio migdolų

Sviestą arba margariną, medų ir citrinos žievelę sutrinkite iki šviesios ir purios masės. Palaipsniui įmuškite kiaušinius, tada įmaišykite miltus, kepimo miltelius ir sumaišytus prieskonius. Įmaišykite vaisius ir maltus migdolus. Šaukštu dėkite į riebalais išteptą ir 20 cm/8 storio torto formą (keptą) ir centre padarykite įdubimą. Išdėliokite migdolus aplink viršutinį pyrago kraštą. Kepkite iki 160 °C įkaitintoje orkaitėje 2–2,5 valandos, kol į centrą įsmeigtas iešmas išeis švarus. Jei pyrago viršus per daug paruduoja, iki kepimo pabaigos uždenkite riebalams atspariu (vaškuotu) popieriumi. Palikite 10 minučių atvėsti skardoje, prieš iškeldami ant grotelių, kad baigtumėte atvėsti.

Genujos pyragas

Padaro vieną 23 cm/9 tortą

225 g/8 uncijos/1 puodelis sviesto arba margarino, suminkštinto

100 g/4 uncijos/½ puodelio smulkaus (labai smulkaus) cukraus

4 kiaušiniai, atskirti

5 ml/1 šaukštelis migdolų esencijos (ekstraktas)

5 ml/1 arbatinis šaukštelis tarkuotos apelsino žievelės

225 g/8 uncijos/11/3 puodeliai razinų, kapotų

100 g / 4 uncijos / 2/3 puodelio serbentų, susmulkintų

100 g/4 uncijos/2/3 puodelio sultonų (auksinių razinų), pjaustytų

50 g/2 uncijos/¼ puodelio glazūruotų (cukruotų) vyšnių, susmulkintų

50 g/2 uncijos/1/3 puodelio susmulkintos mišrios (cukruotos) žievelės

100 g/4 uncijos/1 puodelis maltų migdolų

25 g / 1 uncija / ¼ puodelio migdolų

350 g/12 uncijų/3 puodeliai paprastų (universalių) miltų

10 ml/2 šaukštelio kepimo miltelių

5 ml/1 šaukštelis malto cinamono

Sumaišykite sviestą arba margariną ir cukrų, tada įmaišykite kiaušinių trynius, migdolų esenciją ir apelsino žievelę. Sumaišykite vaisius ir riešutus su trupučiu miltų, kol apskrus, tada pakaitomis įmaišykite šaukštus miltų, kepimo miltelius ir cinamoną su šaukštais vaisių mišinio, kol viskas gerai susimaišys. Kiaušinių baltymus išplakti iki standžių putų, tada įmaišyti į masę. Šaukštu dėkite į riebalais išteptą ir išklotą 23 cm/9 skersmens torto formą ir kepkite iki 190°C įkaitintoje orkaitėje 30 minučių, tada sumažinkite orkaitės temperatūrą iki 160°C/325°. F/gas žymė 3 dar 1½ valandos, kol taps elastinga ir centre įkištas iešmas išeis švarus. Palikite atvėsti skardoje.

Glacé vaisių pyragas

Padaro vieną 23 cm/9 tortą

225 g/8 uncijos/1 puodelis sviesto arba margarino, suminkštinto

225 g / 8 uncijos / 1 puodelis smulkaus (labai smulkaus) cukraus

4 kiaušiniai, lengvai paplakti

45 ml/3 šaukštai brendžio

250 g/9 uncijos/1¼ puodeliai paprastų (universalių) miltų

2,5 ml/½ šaukštelio kepimo miltelių

Žiupsnelis druskos

225 g/8 uncijos/1 puodelis mišrių glazūruotų (cukruotų) vaisių, tokių kaip vyšnios, ananasai, apelsinai, figos, supjaustyti griežinėliais

100 g/4 uncijos/2/3 puodelio razinų

100 g/4 uncijos/2/3 puodelio sultonų (auksinių razinų)

75 g / 3 uncijos / ½ puodelio serbentų

50 g/2 uncijos/½ puodelio kapotų sumaišytų riešutų

Nutarkuota 1 citrinos žievelė

Sumaišykite sviestą arba margariną ir cukrų iki šviesios ir purios masės. Palaipsniui įmaišykite kiaušinius ir brendį. Atskirame dubenyje sumaišykite likusius ingredientus, kol vaisiai gerai pasidengs miltais. Įmaišykite į mišinį ir gerai išmaišykite. Šaukštu sudėkite į riebalais išteptą 23 cm/9 skersmens torto formą (kepimo formą) ir kepkite iki 180°C/350°F/dujų žymeklio 4 įkaitintoje orkaitėje 30 minučių. Sumažinkite orkaitės temperatūrą iki 150°C/300°F/dujų žymė 3 ir kepkite dar 50 minučių, kol į centrą įsmeigtas iešmas išeis švarus.

Gineso vaisių pyragas

Padaro vieną 23 cm/9 tortą

225 g/8 uncijos/1 puodelis sviesto arba margarino

225 g / 8 uncijos / 1 puodelis minkšto rudojo cukraus

300 ml / ½ pt / 1¼ puodelio Guinness arba stout

225 g/8 uncijos/11/3 puodeliai razinų

225 g/8 uncijos/11/3 puodeliai sultonų (auksinių razinų)

225 g / 8 uncijos / 11/3 puodeliai serbentų

100 g/4 uncijos/2/3 puodelio susmulkintos mišrios (cukruotos) žievelės

550 g/1¼ svaro/5 puodeliai paprastų (universalių) miltų

2,5 ml/½ šaukštelio sodos bikarbonato (kepimo soda)

5 ml/1 šaukštelis maltų mišrių (obuolių pyrago) prieskonių

2,5 ml/½ šaukštelio tarkuoto muskato riešuto

3 kiaušiniai, lengvai paplakti

Sviestą arba margariną, cukrų ir Ginesą užvirinkite mažoje keptuvėje ant mažos ugnies, maišykite, kol gerai susimaišys. Sumaišykite vaisius ir sumaišytą žievelę, užvirinkite, tada troškinkite 5 minutes. Nukelkite nuo ugnies ir palikite atvėsti.

Sumaišykite miltus, sodos bikarbonatą ir prieskonius ir centre padarykite duobutę. Įdėkite vėsų vaisių mišinį ir kiaušinius ir maišykite, kol gerai susimaišys. Šaukštu sudėkite į riebalais išteptą ir išklotą 23 cm/9 skersmens torto formą ir kepkite įkaitintoje orkaitėje iki 160°C/325°F/dujų žymė 3 2 valandas, kol į centrą įsmeigtas iešmas išeis švarus. Palikite 20 minučių atvėsti skardoje, tada išverskite ant grotelių, kad baigtumėte atvėsti.

Maltos mėsos pyragas

Padaro vieną 20 cm/8 tortą

225 g/8 uncijos/2 puodeliai savaime kylančių (savaime kylančių) miltų

350 g / 12 uncijos / 2 puodeliai maltos mėsos

75 g/3 uncijos/½ puodelio džiovintų mišrių vaisių (vaisių pyrago mišinys)

3 kiaušiniai

150 g/5 uncijos/2/3 puodelio minkšto margarino

150 g / 5 uncijos / 2/3 puodelio minkšto rudojo cukraus

Sumaišykite visus ingredientus, kol gerai susimaišys. Sudėkite į riebalais išteptą ir išklotą 20 cm/8 skersmens torto formą ir kepkite iki 160°C/325°F/dujų žymeklio 3 įkaitintoje orkaitėje 1¾ valandos, kol gerai iškils ir taps tvirti liesti.

Avižų ir abrikosų vaisių pyragas

Padaro vieną 20 cm/8 tortą

175 g/6 uncijos/¾ puodelio sviesto arba margarino, suminkštinto

50 g/2 uncijos/¼ puodelio minkšto rudojo cukraus

30 ml/2 šaukštai skaidraus medaus

3 kiaušiniai, sumušti

175 g/6 uncijos/¼ puodeliai pilno grūdo miltų

50 g/2 uncijos/½ puodelio avižinių miltų

10 ml/2 šaukštelio kepimo miltelių

250 g/9 uncijos/1½ puodelio džiovintų mišrių vaisių (vaisių pyrago mišinys)

50 g/2 uncijos/1/3 puodelio paruoštų valgyti džiovintų abrikosų, susmulkintų

Nutarkuota žievelė ir 1 citrinos sultys

Sviestą arba margariną ir cukrų ištrinkite su medumi iki šviesios ir purios masės. Pamažu įmuškite kiaušinius pakaitomis su miltais ir kepimo milteliais. Įmaišykite džiovintus vaisius ir citrinos sultis bei žievelę. Šaukštu dėkite į riebalais išteptą ir 20 cm/8 išklotą torto formą (keptą) ir kepkite iki 180°C/350°F/ dujų žymeklio 4 įkaitintoje orkaitėje 1 valandą. Sumažinkite orkaitės temperatūrą iki 160°C/325°F/dujų žymės 3 ir kepkite dar 30 minučių, kol į centrą įsmeigtas iešmas išeis švarus. Jei pyragas pradeda per greitai ruduoti, viršų uždenkite kepimo popieriumi.

Naktinis vaisių pyragas

Padaro vieną 20 cm/8 tortą

450 g/1 svaras/4 puodeliai paprastų (universalių) miltų

225 g / 8 uncijos / 1 1/3 puodeliai serbentų

225 g/8 uncijos/1 1/3 puodeliai sultonų (auksinių razinų)

225 g / 8 uncijos / 1 puodelis minkšto rudojo cukraus

50 g/2 uncijos/1/3 puodelio susmulkintos mišrios (cukruotos) žievelės

175 g / 6 uncijos / ¾ puodelio taukų (sutrumpinimas)

15 ml/1 valgomasis šaukštas auksinio (šviesaus kukurūzų) sirupo

10 ml/2 šaukštelis sodos bikarbonato (kepimo soda)

15 ml/1 valgomasis šaukštas pieno

300 ml/½ pt/1¼ puodelio vandens

Sumaišykite miltus, vaisius, cukrų ir žievelę. Ištirpinkite lašinius ir sirupą ir įmaišykite į mišinį. Ištirpinkite sodos bikarbonatą piene ir įmaišykite į pyrago mišinį su vandeniu. Šaukštu supilkite į riebalais išteptą 20 cm/8 torto formą, uždenkite ir palikite pastovėti per naktį.

Kepkite pyragą iki 160 °C įkaitintoje orkaitėje 1¾ valandos, kol į centrą įsmeigtas iešmas išeis švarus.

Razinų ir prieskonių pyragas

Padaro vieną 900 g/2 svarų kepalą

225 g / 8 uncijos / 1 puodelis minkšto rudojo cukraus

300 ml/½ pt/1¼ puodelio vandens

100 g/4 uncijos/½ puodelio sviesto arba margarino

15 ml/1 valgomasis šaukštas juodojo melasos

175 g/6 uncijos/1 puodelis razinų

5 ml/1 šaukštelis malto cinamono

2. 5 ml/½ šaukštelio tarkuoto muskato riešuto

2,5 ml/½ šaukštelio kvapiųjų pipirų

225 g/8 uncijos/2 puodeliai paprastų (universalių) miltų

5 ml/1 arbatinis šaukštelis kepimo miltelių

5 ml/1 arbatinis šaukštelis sodos bikarbonatas (kepimo soda)

Nedidelėje keptuvėje ant vidutinės ugnies, nuolat maišydami, ištirpinkite cukrų, vandenį, sviestą arba margariną, melasą, razinas ir prieskonius. Užvirinkite ir troškinkite 5 minutes. Nukelkite nuo ugnies ir supilkite likusius ingredientus. Šaukštu supilkite mišinį į riebalais išteptą ir išklotą 900 g (2 svarų) kepimo formą ir kepkite iki 180 °C įkaitintoje orkaitėje 50 minučių, kol į centrą įsmeigtas iešmas bus švarus.

Ričmondo pyragas

Padaro vieną 15 cm/6 tortą

225 g/8 uncijos/2 puodeliai paprastų (universalių) miltų

Žiupsnelis druskos

75 g/3 uncijos/1/3 puodelio sviesto arba margarino

100 g/4 uncijos/½ puodelio smulkaus (labai smulkaus) cukraus

2,5 ml/½ šaukštelio kepimo miltelių

100 g / 4 uncijos / 2/3 puodelio serbentų

2 kiaušiniai, sumušti

Šiek tiek pieno

Miltus ir druską suberkite į dubenį ir trinkite sviestu arba margarinu, kol masė taps panaši į džiūvėsėlius. Įmaišykite cukrų, kepimo miltelius ir serbentus. Įmuškite kiaušinius ir tiek pieno, kad susimaišytų iki standžios tešlos. Pasukite į riebalais išteptą ir išklotą 15 cm/6 torto formą. Kepkite iki 190°C įkaitintoje orkaitėje apie 45 minutes, kol į vidurį įsmeigtas iešmas bus švarus. Palikite atvėsti ant grotelių.

Šafrano vaisių pyragas

Padaro du 450 g/1 svaro pyragaičius

2,5 ml/½ šaukštelio šafrano sruogelių

Šiltas vanduo

15 g / ½ uncijos šviežių mielių arba 20 ml / 4 šaukšteliai džiovintų mielių

900 g/2 lb/8 puodeliai paprastų (universalių) miltų

225 g / 8 uncijos / 1 puodelis smulkaus (labai smulkaus) cukraus

2,5 ml/½ šaukštelio maltų mišrių (obuolių pyrago) prieskonių

Žiupsnelis druskos

100 g / 4 uncijos / ½ puodelio taukų (sutrumpinimas)

100 g/4 uncijos/½ puodelio sviesto arba margarino

300 ml/½ pt/1¼ puodelio šilto pieno

350 g / 12 uncijos / 2 puodeliai džiovintų mišrių vaisių (vaisių pyrago mišinys)

50 g / 2 uncijos / 1/3 puodelio susmulkintos mišrios (cukruotos) žievelės

> Šafrano sruogelius susmulkinkite ir per naktį pamirkykite 45 ml/3 šaukštuose šilto vandens.

Mieles sumaišykite su 30 ml/2 a.š miltų, 5 ml/1 a.š. cukraus ir 75 ml/5š. šilto vandens ir palikite šiltoje vietoje 20 min., kol suputos. Likusius miltus ir cukrų sumaišykite su prieskoniais ir druska. Įtrinkite taukus ir sviestą arba margariną, kol mišinys taps panašus į džiūvėsėlius, tada centre padarykite duobutę. Įpilkite mielių mišinio, šafrano ir šafrano skysčio, šilto pieno, vaisių ir sumaišyto žievelės ir išmaišykite iki minkštos tešlos. Sudėkite į aliejumi pateptą dubenį, uždenkite maistine plėvele (plastikine plėvele) ir palikite šiltoje vietoje 3 val.

Suformuokite du kepalus, sudėkite į dvi riebalais išteptas 450 g/1 svaro kepalų formeles ir kepkite iki 220°C įkaitintoje orkaitėje 7 40 minučių, kol gražiai pakils ir taps auksinės rudos spalvos.

Sodos vaisių pyragas

Padaro vieną 450 g/1 svaro pyragą

225 g/8 uncijos/2 puodeliai paprastų (universalių) miltų

1,5 ml/¼ šaukštelio druskos

Žiupsnelis sodos bikarbonato (kepimo soda)

50 g/2 uncijos/¼ puodelio sviesto arba margarino

50 g / 2 uncijos / ¼ puodelio smulkaus (labai smulkaus) cukraus

100 g / 4 uncijos / 2/3 puodelio džiovintų mišrių vaisių (vaisių pyrago mišinys)

150 ml / ¼ pt / 2/3 puodelio rūgpienio arba pieno su 5 ml / 1 šaukšteliu citrinos sulčių

5 ml/1 šaukštelis juodojo melasos

Dubenyje sumaišykite miltus, druską ir sodos bikarbonatą. Įtrinkite sviestą arba margariną, kol mišinys taps panašus į džiūvėsėlius. Suberkite cukrų ir vaisius ir gerai išmaišykite. Pieną ir melasą kaitinkite, kol melas išsilydys, tada supilkite į sausus ingredientus ir išmaišykite iki standžios tešlos. Šaukštu supilkite į riebalais išteptą 450 g/1 svaro kepimo formą ir kepkite iki 190°C/375°F/5 dujų žymeklio įkaitintoje orkaitėje apie 45 minutes, kol taps auksinės spalvos.

Greitas vaisių pyragas

Padaro vieną 20 cm/8 tortą

450 g / 1 svaras / 2 2/3 puodeliai sumaišytų džiovintų vaisių (vaisių pyrago mišinys)

225 g / 8 uncijos / 1 puodelis minkšto rudojo cukraus

100 g / 4 uncijos / ½ puodelio sviesto arba margarino

150 ml / ¼ pt / 2/3 puodelio vandens

2 kiaušiniai, sumušti

225 g / 8 uncijos / 2 puodeliai savaime kylančių (savaime kylančių) miltų

Vaisius, cukrų, sviestą arba margariną ir vandenį užvirinkite, tada uždenkite ir švelniai troškinkite 15 minučių. Palikite atvėsti. Įmuškite kiaušinius ir miltus, tada šaukštu supilkite mišinį į riebalais išteptą ir 20 cm/8 storio torto formą ir kepkite iki 150°C įkaitintoje orkaitėje 3 pusvalandį, kol viršus apskrus ir susitrauks. toliau nuo skardos šonų.

Karštos arbatos vaisių pyragas

Padaro vieną 900 g/2 svarų pyragą

450 g / 1 svaras / 2½ puodeliai džiovintų mišrių vaisių (vaisių pyrago mišinys)

300 ml/½ pt/1¼ puodelio karštos juodosios arbatos

350 g/10 uncijų/1¼ puodelio minkšto rudojo cukraus

350 g/10 uncijos/2½ puodeliai savaime kylančių (savaime kylančių) miltų

1 kiaušinis, sumuštas

Įdėkite vaisius į karštą arbatą ir palikite mirkti per naktį. Įmaišykite cukrų, miltus ir kiaušinį ir pasukite į riebalais išteptą ir išklotą 900 g/2 svarų kepimo formą (keptuvą). Kepkite iki 160°C įkaitintoje orkaitėje 2 valandas, kol gražiai pakils ir taps auksinės rudos spalvos.

Šaltos arbatos vaisių pyragas

Padaro vieną 15 cm/6 tortą

100 g/4 uncijos/½ puodelio sviesto arba margarino

225 g/8 uncijos/1 1/3 puodeliai džiovintų vaisių mišinio (vaisių pyrago mišinys)

250 ml/8 fl oz/1 puodelis šaltos juodosios arbatos

225 g/8 uncijos/2 puodeliai savaime kylančių (savaime kylančių) miltų

100 g/4 uncijos/½ puodelio smulkaus (labai smulkaus) cukraus

5 ml/1 arbatinis šaukštelis sodos bikarbonatas (kepimo soda)

1 didelis kiaušinis

Puode ištirpinkite sviestą arba margariną, suberkite vaisius, arbatą ir užvirinkite. Troškinkite 2 minutes, tada leiskite atvėsti. Įmaišykite likusius ingredientus ir gerai išmaišykite. Šaukštu supilkite į riebalais išteptą ir 15 cm/6 storio torto formą ir kepkite iki 160°C/325°F įkaitintoje orkaitėje 1¼–1½ valandos, kol sutvirtės. Palikite atvėsti, tada patiekite supjaustytą griežinėliais ir apteptą sviestu.

Vaisinis pyragas be cukraus

Padaro vieną 20 cm/8 tortą

4 džiovinti abrikosai

60 ml/4 šaukštai apelsinų sulčių

250 ml / 8 fl uncijos / 1 puodelis stout

100 g/4 uncijos/2/3 puodelio sultonų (auksinių razinų)

100 g/4 uncijos/2/3 puodelio razinų

50 g / 2 uncijos / ¼ puodelio serbentų

50 g/2 uncijos/¼ puodelio sviesto arba margarino

225 g/8 uncijos/2 puodeliai savaime kylančių (savaime kylančių) miltų

75 g/3 uncijos/¾ puodelio kapotų sumaišytų riešutų

10 ml/2 arb. maltų mišrių (obuolių pyrago) prieskonių

5 ml/1 arbatinis šaukštelis tirpios kavos miltelių

3 kiaušiniai, lengvai paplakti

15 ml/1 valgomasis šaukštas brendžio arba viskio

Abrikosus pamirkykite apelsinų sultyse, kol suminkštės, tada supjaustykite. Sudėkite į keptuvę su stautu, džiovintais vaisiais ir sviestu arba margarinu, užvirinkite, tada troškinkite 20 minučių. Palikite atvėsti.

Sumaišykite miltus, riešutus, prieskonius ir kavą. Įmaišykite storą mišinį, kiaušinius ir brendį arba viskį. Šaukštu supilkite mišinį į riebalais išteptą ir 20 cm/8 storio torto formą ir kepkite iki 180°C/350°F/4 dujų žymeklio įkaitintoje orkaitėje 20 minučių. Sumažinkite orkaitės temperatūrą iki 150°C/300°F/dujų žymė 2 ir kepkite dar 1½ valandos, kol į centrą įsmeigtas iešmas išeis švarus. Viršų kepimo pabaigoje uždenkite riebalams atspariu (vaškuotu) popieriumi, jei jis per daug paruduoja. Palikite 10 minučių atvėsti skardoje, prieš iškeldami ant grotelių, kad baigtumėte atvėsti.

Maži vaisių pyragaičiai

Sudaro 48

100 g/4 uncijos/½ puodelio sviesto arba margarino, suminkštinto

225 g / 8 uncijos / 1 puodelis minkšto rudojo cukraus

2 kiaušiniai, lengvai paplakti

175 g/6 uncijos/1 puodelis datulių be kauliukų, susmulkintų

50 g/2 uncijos/½ puodelio kapotų sumaišytų riešutų

15 ml/1 valgomasis šaukštas tarkuotos apelsino žievelės

225 g/8 uncijos/2 puodeliai paprastų (universalių) miltų

5 ml/1 arbatinis šaukštelis sodos bikarbonatas (kepimo soda)

2,5 ml / ½ šaukštelio druskos

150 ml / ¼ pt / 2/3 puodelio pasukų

6 glacé (cukruotos) vyšnios, supjaustytos

Apelsinų vaisių pyrago glajus

Sviestą arba margariną ir cukrų išplakti iki šviesios ir purios masės. Po truputį įmuškite kiaušinius. Įmaišykite datules, riešutus ir apelsino žievelę. Sumaišykite miltus, sodos bikarbonatą ir druską. Sudėkite į mišinį pakaitomis su pasukomis ir plakite, kol gerai susimaišys. Šaukštu sudėkite į riebalais išteptas 5 cm/2 bandeles ir papuoškite vyšniomis. Kepkite iki 190°C įkaitintoje orkaitėje 20 minučių, kol į centrą įsmeigtas iešmas išeis švarus. Perkelkite ant vėsinimo stovo ir palikite, kol sušils, tada aptepkite apelsinų glaistu.

Acto vaisių pyragas

Padaro vieną 23 cm/9 tortą

225 g/8 uncijos/1 puodelis sviesto arba margarino

450 g/1 svaras/4 puodeliai paprastų (universalių) miltų

225 g/8 uncijos/1 1/3 puodeliai sultonų (auksinių razinų)

100 g/4 uncijos/2/3 puodelio razinų

100 g / 4 uncijos / 2/3 puodelio serbentų

225 g / 8 uncijos / 1 puodelis minkšto rudojo cukraus

5 ml/1 arbatinis šaukštelis sodos bikarbonatas (kepimo soda)

300 ml/½ pt/1¼ puodelio pieno

45 ml/3 šaukštai salyklo acto

Sviestą arba margariną įtrinkite į miltus, kol masė taps panaši į džiūvėsėlius. Įmaišykite vaisius ir cukrų ir centre padarykite duobutę. Sumaišykite sodos bikarbonatą, pieną ir actą – mišinys suputos. Įmaišykite į sausus ingredientus, kol gerai susimaišys. Šaukštu supilkite mišinį į riebalais išteptą ir 23 cm/9 skersmens torto formą ir kepkite iki 200°C įkaitintoje orkaitėje 25 minutes. Sumažinkite orkaitės temperatūrą iki 160°C/325°F/dujų žymė 3 ir kepkite dar 1½ valandos, kol taps auksinės spalvos ir tvirtai liesti. Palikite 5 minutes atvėsti skardoje, tada išverskite ant grotelių, kad baigtumėte atvėsti.

Virdžinijos viskio pyragas

Padaro vieną 450 g/1 svaro pyragą

100 g/4 uncijos/½ puodelio sviesto arba margarino, suminkštinto

50 g / 2 uncijos / ¼ puodelio smulkaus (labai smulkaus) cukraus

3 kiaušiniai, atskirti

175 g/6 uncijos/1½ puodelio paprastų (universalių) miltų

5 ml/1 arbatinis šaukštelis kepimo miltelių

Žiupsnelis tarkuoto muskato riešuto

Žiupsnelis maltų makalų

120 ml / 4 fl uncijos / ½ puodelio

30 ml/2 šaukštai brendžio

100 g / 4 uncijos / 2/3 puodelio džiovintų mišrių vaisių (vaisių pyrago mišinys)

120 ml/4 fl uncijos/½ puodelio viskio

Sumaišykite sviestą ir cukrų iki vientisos masės. Įmaišykite kiaušinių trynius. Sumaišykite miltus, kepimo miltelius ir prieskonius ir įmaišykite į masę. Įmaišykite uostą, brendį ir džiovintus vaisius. Kiaušinių baltymus išplakite iki minkštų putų, tada supilkite į mišinį. Šaukštą sudėkite į riebalais išteptą 450 g/1 svaro kepimo formą ir kepkite iki 160°C/325°F/dujų žymės 3 įkaitintoje orkaitėje 1 valandą, kol į centrą įsmeigtas iešmas išeis švarus. Palikite atvėsti skardoje, po to pyragą užpilkite viskiu ir palikite formoje 24 valandas prieš pjaustydami.

Velso vaisių pyragas

Padaro vieną 23 cm/9 tortą

50 g/2 uncijos/¼ puodelio sviesto arba margarino

50 g / 2 uncijos / ¼ puodelio taukų (sutrumpinimas)

225 g/8 uncijos/2 puodeliai paprastų (universalių) miltų

Žiupsnelis druskos

10 ml/2 šaukštelio kepimo miltelių

100 g/4 uncijos/½ puodelio demerara cukraus

175 g/6 uncijos/1 puodelis džiovintų mišrių vaisių (vaisių pyrago mišinys)

Nutarkuota žievelė ir ½ citrinos sultys

1 kiaušinis, lengvai paplaktas

30 ml/2 šaukštai pieno

Sviestą arba margariną ir taukus įtrinkite į miltus, druską ir kepimo miltelius, kol masė taps panaši į džiūvėsėlius. Įmaišykite cukrų, vaisių ir citrinos žievelę bei sultis, tada įmaišykite kiaušinį ir pieną ir minkykite iki minkštos tešlos. Suformuokite riebalais išteptą ir išklotą 23 cm/9 skersmens kvadratinę kepimo formą ir kepkite iki 200°C įkaitintoje orkaitėje 20 minučių, kol pakils ir taps auksinės spalvos.

Baltas vaisių pyragas

Padaro vieną 23 cm/9 tortą

100 g/4 uncijos/½ puodelio sviesto arba margarino, suminkštinto

225 g / 8 uncijos / 1 puodelis smulkaus (labai smulkaus) cukraus

5 kiaušiniai, lengvai paplakti

350 g / 12 uncijos / 2 puodeliai džiovintų mišrių vaisių

350 g/12 uncijų/2 puodeliai sultonų (auksinių razinų)

100 g/4 uncijos/2/3 puodelio datulių be kauliukų, susmulkintų

100 g / 4 uncijos / ½ puodelio glazūruotų (cukruotų) vyšnių, kapotų

100 g/4 uncijos/½ puodelio glazūruotų (cukruotų) ananasų, pjaustytų

100 g / 4 uncijos / 1 puodelis kapotų sumaišytų riešutų

225 g/8 uncijos/2 puodeliai paprastų (universalių) miltų

10 ml/2 šaukštelio kepimo miltelių

2,5 ml / ½ šaukštelio druskos

60 ml/4 šaukštai ananasų sulčių

Sumaišykite sviestą arba margariną ir cukrų iki šviesios ir purios masės. Palaipsniui įmuškite kiaušinius, kiekvieną kartą gerai išplakite. Sumaišykite visus vaisius, riešutus ir šiek tiek miltų, kol ingredientai gerai pasidengs miltais. Į likusius miltus įmaišykite kepimo miltelius ir druską, tada pakaitomis su ananasų sultimis įmaišykite į kiaušinių mišinį, kol vientisa masė. Įmaišykite vaisius ir gerai išmaišykite. Šaukštu sudėkite į riebalais išteptą ir 23 cm/9 skersmens 23 cm skersmens torto formą ir kepkite iki 140°C įkaitintoje orkaitėje apie 2,5 valandos, kol į centrą įsmeigtas iešmas išeis švarus. Palikite 10 minučių atvėsti skardoje, prieš iškeldami ant grotelių, kad baigtumėte atvėsti.

Obuolių pyragas

Padaro vieną 20 cm/8 tortą

175 g/6 uncijos/1½ puodeliai savaime kylančių (savaime kylančių) miltų

5 ml/1 arbatinis šaukštelis kepimo miltelių

Žiupsnelis druskos

150 g/5 uncijos/2/3 puodelio sviesto arba margarino

150 g / 5 uncijos / 2/3 puodelio smulkaus (labai smulkaus) cukraus

1 kiaušinis, sumuštas

175 ml/6 fl oz/¾ puodelio pieno

3 valgomieji (deseriniai) obuoliai, nulupti, išimti šerdį ir supjaustyti griežinėliais

2,5 ml/½ šaukštelio malto cinamono

15 ml/1 valgomasis šaukštas skaidraus medaus

Sumaišykite miltus, kepimo jėgą ir druską. Įtrinkite sviestą arba margariną, kol masė taps panaši į džiūvėsėlius, tada įmaišykite cukrų. Įmaišykite kiaušinį ir pieną. Supilkite mišinį į riebalais išteptą ir 20 cm/8 storio torto formą (keptą) ir ant viršaus švelniai įspauskite obuolių skilteles. Pabarstykite cinamonu ir apšlakstykite medumi. Kepkite iki 200°C įkaitintoje orkaitėje 45 minutes, kol taps auksinės spalvos ir tvirtai liesdami.

Traškus obuolių pyragas su prieskoniais

Padaro vieną 20 cm/8 tortą

75 g/3 uncijos/1/3 puodelio sviesto arba margarino

175 g/6 uncijos/1½ puodeliai savaime kylančių (savaime kylančių) miltų

50 g / 2 uncijos / ¼ puodelio smulkaus (labai smulkaus) cukraus

1 kiaušinis

75 ml / 5 šaukštai vandens

3 valgomieji (deseriniai) obuoliai, nulupti, išimti šerdį ir supjaustyti griežinėliais

Užpilui:
75 g/3 uncijos/1/3 puodelio demerara cukraus

10 ml/2 šaukštelio malto cinamono

25 g/1 uncijos/2 šaukštai sviesto arba margarino

Sviestą arba margariną įtrinkite į miltus, kol masė taps panaši į džiūvėsėlius. Įmaišykite cukrų, tada įmaišykite kiaušinį ir vandenį, kad gautumėte minkštą tešlą. Įpilkite šiek tiek daugiau vandens, jei mišinys per sausas. Tešlą paskleiskite 20 cm/8 torto formoje (keptuvėje) ir į tešlą įspauskite obuolius. Pabarstykite demerara cukrumi ir cinamonu ir apibarstykite sviestu arba margarinu. Kepkite iki 180°C įkaitintoje orkaitėje 30 minučių, kol taps auksinės rudos spalvos ir tvirtai liesdami.

Amerikietiškas obuolių pyragas

Padaro vieną 20 cm/8 tortą

50 g/2 uncijos/¼ puodelio sviesto arba margarino, suminkštinto

225 g / 8 uncijos / 1 puodelis minkšto rudojo cukraus

1 kiaušinis, lengvai paplaktas

5 ml/1 šaukštelis vanilės esencijos (ekstraktas)

100 g/4 uncijos/1 puodelis paprastų (universalių) miltų

2,5 ml/½ šaukštelio kepimo miltelių

2,5 ml/½ šaukštelio sodos bikarbonato (kepimo soda)

2,5 ml / ½ šaukštelio druskos

2,5 ml/½ šaukštelio malto cinamono

2,5 ml/½ šaukštelio tarkuoto muskato riešuto

450 g/1 svaro valgomieji (deseriniai) obuoliai, nulupti, nulupti ir supjaustyti kubeliais

25 g / 1 uncija / ¼ puodelio migdolų, susmulkintų

Sviestą arba margariną ir cukrų išplakti iki šviesios ir purios masės. Palaipsniui įmuškite kiaušinį ir vanilės esenciją. Sumaišykite miltus, kepimo miltelius, sodos bikarbonatą, druską ir prieskonius ir plakite iki vientisos masės. Įmaišykite obuolius ir riešutus. Šaukštu sudėkite į riebalais išteptą ir 20 cm/8 išklotą kvadratinę kepimo formą ir kepkite iki 180°C įkaitintoje orkaitėje 45 minutes, kol į centrą įsmeigtas iešmas išeis švarus.

Obuolių tyrės pyragas

Padaro vieną 900 g/2 svarų pyragą

100 g/4 uncijos/½ puodelio sviesto arba margarino, suminkštinto

225 g / 8 uncijos / 1 puodelis minkšto rudojo cukraus

2 kiaušiniai, lengvai paplakti

225 g/8 uncijos/2 puodeliai paprastų (universalių) miltų

5 ml/1 šaukštelis malto cinamono

2,5 ml/½ šaukštelio tarkuoto muskato riešuto

100 g / 4 uncijos / 1 puodelis obuolių tyrės (padažas)

5 ml/1 arbatinis šaukštelis sodos bikarbonatas (kepimo soda)

30 ml/2 šaukštai karšto vandens

Sumaišykite sviestą arba margariną ir cukrų iki šviesios ir purios masės. Palaipsniui įmaišykite kiaušinius. Įmaišykite miltus, cinamoną, muskato riešutą ir obuolių tyrę. Sumaišykite sodos bikarbonatą su karštu vandeniu ir įmaišykite į mišinį. Šaukštu sudėkite į riebalais išteptą 900 g/2 svarų kepalo formą (keptuvą) ir kepkite iki 180°C/350°F/dujų žymės 4 įkaitintoje orkaitėje 1¼ valandos, kol į centrą įsmeigtas iešmas išeis švarus.

Sidro obuolių pyragas

Padaro vieną 20 cm/8 tortą

100 g/4 uncijos/½ puodelio sviesto arba margarino, suminkštinto

150 g / 5 uncijos / 2/3 puodelio smulkaus (labai smulkaus) cukraus

3 kiaušiniai

225 g/8 uncijos/2 puodeliai savaime kylančių (savaime kylančių) miltų

5 ml/1 šaukštelis maltų mišrių (obuolių pyrago) prieskonių

5 ml/1 arbatinis šaukštelis sodos bikarbonatas (kepimo soda)

5 ml/1 arbatinis šaukštelis kepimo miltelių

150 ml / ¼ pt / 2/3 puodelio sauso sidro

2 virti (torti) obuoliai, nulupti, nulupti ir supjaustyti griežinėliais

75 g/3 uncijos/1/3 puodelio demerara cukraus

100 g / 4 uncijos / 1 puodelis kapotų sumaišytų riešutų

Sumaišykite sviestą arba margariną, cukrų, kiaušinius, miltus, prieskonius, sodos bikarbonatą, kepimo miltelius ir 120 ml/4 fl oz/½ puodelio sidro, kol gerai susimaišys, jei reikia, įpilkite likusio sidro, kad susidarytų vientisa tešla. Pusę mišinio šaukštu supilkite į riebalais išteptą ir 20 cm/8 storio torto formą ir uždenkite puse obuolių griežinėlių. Sumaišykite cukrų ir riešutus ir paskleiskite pusę obuolių. Supilkite likusį pyrago mišinį ir ant viršaus uždėkite likusius obuolius bei likusį cukraus ir riešutų mišinį. Kepkite iki 180°C įkaitintoje orkaitėje 1 valandą, kol taps auksinės rudos spalvos ir tvirtai liesdami.

Obuolių ir cinamono pyragas

Padaro vieną 23 cm/9 tortą

100 g/4 uncijos/½ puodelio sviesto arba margarino

100 g/4 uncijos/½ puodelio smulkaus (labai smulkaus) cukraus

1 kiaušinis, lengvai paplaktas

100 g/4 uncijos/1 puodelis paprastų (universalių) miltų

5 ml/1 arbatinis šaukštelis kepimo miltelių

30 ml/2 šaukštai pieno (nebūtina)

2 dideli virti (torti) obuoliai, nulupti, nulupti ir supjaustyti griežinėliais

30 ml/2 šaukštai smulkaus cukraus

5 ml/1 šaukštelis malto cinamono

25 g / 1 uncija / ¼ puodelio migdolų, susmulkintų

30 ml/2 šaukštai demerara cukraus

Sumaišykite sviestą arba margariną ir cukrų iki šviesios ir purios masės. Palaipsniui įmuškite kiaušinį, tada suberkite miltus ir kepimo miltelius. Mišinys turi būti gana standus; jei jis per kietas, įmaišykite šiek tiek pieno. Pusę mišinio šaukštu supilkite į riebalais išteptą ir 23 cm/9 storio laisvu dugnu išklotą torto formą. Ant viršaus išdėliokite obuolių skilteles. Sumaišykite cukrų ir cinamoną ir pabarstykite migdolais ant obuolių. Ant viršaus užpilkite likusio pyrago mišinio ir pabarstykite demerara cukrumi. Kepkite iki 180 °C įkaitintoje orkaitėje 30–35 minutes, kol į centrą įsmeigtas iešmas išeis švarus.

Ispaniškas obuolių pyragas

Padaro vieną 23 cm/9 tortą

175 g/6 uncijos/¾ puodelio sviesto arba margarino

6 "Cox's eat" (desertiniai) obuoliai, nulupti, nulupti ir supjaustyti griežinėliais

30 ml/2 šaukštai obuolių brendžio

175 g / 6 uncijos / ¾ puodelio smulkaus (labai smulkaus) cukraus

150 g / 5 uncijos / 1¼ puodeliai paprastų (universalių) miltų

10 ml/2 šaukštelio kepimo miltelių

5 ml/1 šaukštelis malto cinamono

3 kiaušiniai, lengvai paplakti

45 ml/3 šaukštai pieno

Glajui:

60 ml/4 šaukštai abrikosų uogienės (konservuotas), persijotas (pertemptas)

15 ml/1 valgomasis šaukštas obuolių brendžio

5 ml/1 šaukštelis kukurūzų miltų (kukurūzų krakmolo)

10 ml/2 šaukštelio vandens

Didelėje keptuvėje (keptuvėje) ištirpinkite sviestą arba margariną ir ant nedidelės ugnies kepkite obuolių gabalėlius 10 minučių, vieną kartą pamaišydami, kad pasidengtų sviestu. Nukelkite nuo ugnies. Susmulkinkite trečdalį obuolių ir supilkite obuolių brendį, tada sumaišykite cukrų, miltus, kepimo miltelius ir cinamoną. Įmuškite kiaušinius, pieną ir šaukštu supilkite mišinį į riebalais išteptą ir miltais pabarstytą 23 cm/9 dydžio laisvą dugną torto formą. Ant viršaus išdėliokite likusias obuolių skilteles. Kepkite iki 180°C įkaitintoje orkaitėje 45 minutes, kol gražiai pakils, taps auksinės rudos spalvos ir pradės trauktis nuo skardos kraštų.

Norėdami pagaminti glajų, kartu pašildykite uogienę ir brendį. Kukurūzų miltus sumaišykite su vandeniu ir įmaišykite į uogienę bei brendį. Virkite keletą minučių maišydami, kol taps skaidrus. Aptepkite šiltą pyragą ir palikite atvėsti 30 minučių. Nuimkite torto formos šonus, dar kartą pašildykite glajų ir aptepkite antrą kartą. Palikite atvėsti.

Obuolių ir Sultonos pyragas

Padaro vieną 20 cm/8 tortą

350 g/12 oz/3 puodeliai savaime kylančių (savaime kylančių) miltų

Žiupsnelis druskos

2,5 ml/½ šaukštelio malto cinamono

225 g/8 uncijos/1 puodelis sviesto arba margarino

175 g / 6 uncijos / ¾ puodelio smulkaus (labai smulkaus) cukraus

100 g/4 uncijos/2/3 puodelio sultonų (auksinių razinų)

450 g / 1 svaro kepimo (torto) obuoliai, nulupti, nulupti ir smulkiai pjaustyti

2 kiaušiniai

Šiek tiek pieno

Sumaišykite miltus, druską ir cinamoną, tada įtrinkite sviestą arba margariną, kol masė taps panaši į džiūvėsėlius. Įmaišykite cukrų. Centre padarykite duobutę, sudėkite sultonus, obuolius ir kiaušinius ir gerai išmaišykite, įpildami šiek tiek pieno, kad susidarytų standus mišinys. Šaukštu supilkite į riebalais išteptą 20 cm/8 skersmens torto formą ir kepkite iki 180°C/350°F/ dujų žymeklis 4 įkaitintoje orkaitėje apie 1½–2 valandas, kol sutvirtės. Patiekite karštą arba šaltą.

Apverstas obuolių pyragas

Padaro vieną 23 cm/9 tortą

2 valgomieji (deseriniai) obuoliai, nulupti, išimti šerdį ir plonais griežinėliais

75 g / 3 uncijos / 1/3 puodelio minkšto rudojo cukraus

45 ml/3 šaukštai razinų

30 ml/2 šaukštai citrinos sulčių

Dėl torto:

200 g/7 uncijos/1¾ puodeliai paprastų (universalių) miltų

50 g / 2 uncijos / ¼ puodelio smulkaus (labai smulkaus) cukraus

10 ml/2 šaukštelio kepimo miltelių

5 ml/1 arbatinis šaukštelis sodos bikarbonatas (kepimo soda)

5 ml/1 šaukštelis malto cinamono

Žiupsnelis druskos

120 ml / 4 fl uncijos / ½ puodelio pieno

50 g / 2 uncijos / ½ puodelio obuolių tyrės (padažas)

75 ml/5 šaukštai aliejaus

1 kiaušinis, lengvai paplaktas

5 ml/1 šaukštelis vanilės esencijos (ekstraktas)

Sumaišykite obuolius, cukrų, razinas ir citrinos sultis ir išdėliokite riebalais išteptos 23 cm/9 torto formos (kepimo) dugne. Sumaišykite sausus pyrago ingredientus ir centre padarykite duobutę. Sumaišykite pieną, obuolių padažą, aliejų, kiaušinį ir vanilės esenciją ir įmaišykite į sausus ingredientus, kol susimaišys. Šaukštu dėkite į torto formą ir kepkite iki 180°C įkaitintoje orkaitėje 40 minučių, kol pyragas taps auksinis ir susitrauks nuo formos kraštų. Palikite 10 minučių atvėsti skardoje, tada atsargiai apverskite ant lėkštės. Patiekite šiltą arba šaltą.

Abrikosų kepalo pyragas

Padaro vieną 900 g/2 svarų kepalą

225 g/8 uncijos/1 puodelis sviesto arba margarino, suminkštinto

225 g / 8 uncijos / 1 puodelis smulkaus (labai smulkaus) cukraus

2 kiaušiniai, gerai išplakti

6 prinokę abrikosai, be kauliukų, nulupti ir sutrinti

300 g / 11 uncijos / 2¾ puodeliai paprastų (universalių) miltų

5 ml/1 arbatinis šaukštelis sodos bikarbonatas (kepimo soda)

Žiupsnelis druskos

75 g / 3 uncijos / ¾ puodelio migdolų, susmulkintų

Sumaišykite sviestą arba margariną ir cukrų. Palaipsniui įmuškite kiaušinius, tada įmaišykite abrikosus. Suberkite miltus, sodos bikarbonatą ir druską. Įmaišykite riešutus. Šaukštą sudėkite į riebalais išteptą ir miltais pabarstytą 900 g (2 svarų) kepimo formą (keptuvą) ir kepkite iki 180°C/350°F/dujinės žymos 4 įkaitintoje orkaitėje 1 valandą, kol į centrą įsmeigtas iešmas išeis švarus. Prieš išversdami palikite atvėsti skardoje.

Abrikosų ir imbiero pyragas

Padaro vieną 18 cm/7 tortą

100 g/4 uncijos/1 puodelis savaime kylančių (savaime kylančių) miltų

100 g/4 uncijos/½ puodelio minkšto rudojo cukraus

10 ml/2 šaukštelio malto imbiero

100 g/4 uncijos/½ puodelio sviesto arba margarino, suminkštinto

2 kiaušiniai, lengvai paplakti

100 g/4 uncijos/2/3 puodelio paruoštų valgyti džiovintų abrikosų, susmulkintų

50 g/2 uncijos/1/3 puodelio razinų

Miltus, cukrų, imbierą, sviestą arba margariną ir kiaušinius išplakite iki minkštos masės. Įmaišykite abrikosus ir razinas. Šaukštu supilkite mišinį į riebalais išteptą ir 18 cm/7 storio torto formą ir kepkite iki 180°C įkaitintoje orkaitėje 30 minučių, kol į centrą įsmeigtas iešmas išeis švarus.

Tipsy abrikosų pyragas

Padaro vieną 20 cm/8 tortą

120 ml/4 fl uncijos/½ puodelio brendžio arba romo

120 ml / 4 fl uncijos / ½ puodelio apelsinų sulčių

225 g/8 uncijos/1 1/3 puodeliai paruoštų valgyti džiovintų abrikosų, pjaustytų

100 g/4 uncijos/2/3 puodelio sultonų (auksinių razinų)

175 g/6 uncijos/¾ puodelio sviesto arba margarino, suminkštinto

45 ml/3 šaukštai skaidraus medaus

4 kiaušiniai, atskirti

175 g/6 uncijos/1½ puodeliai savaime kylančių (savaime kylančių) miltų

10 ml/2 šaukštelio kepimo miltelių

Brendį arba romą ir apelsinų sultis užvirinkite kartu su abrikosais ir sultonais. Gerai išmaišykite, tada nukelkite nuo ugnies ir palikite pastovėti, kol atvės. Sumaišykite sviestą arba margariną ir medų, tada palaipsniui įmaišykite kiaušinių trynius. Suberkite miltus ir kepimo miltelius. Kiaušinių baltymus išplakti iki standžių putų, tada atsargiai įmaišyti į masę. Šaukštu sudėkite į riebalais išteptą ir 20 cm/8 storio torto formą ir kepkite iki 180°C įkaitintoje orkaitėje 1 valandą, kol į centrą įsmeigtas iešmas išeis švarus. Palikite atvėsti skardoje.

Bananų pyragas

Padaro vieną 23 x 33 cm/9 x 13 tortą

4 prinokę bananai, sutrinti

2 kiaušiniai, lengvai paplakti

350 g / 12 uncijos / 1½ puodeliai pudros (labai smulkaus) cukraus

120 ml/4 fl uncijos/½ puodelio aliejaus

5 ml/1 šaukštelis vanilės esencijos (ekstraktas)

50 g/2 uncijos/½ puodelio kapotų sumaišytų riešutų

225 g/8 uncijos/2 puodeliai paprastų (universalių) miltų

10 ml/2 šaukštelis sodos bikarbonato (kepimo soda)

5 ml/1 šaukštelis druskos

Sumaišykite bananus, kiaušinius, cukrų, aliejų ir vanilę. Sudėkite likusius ingredientus ir maišykite, kol viskas susimaišys. Šaukštu sudėkite į 23 x 33 cm/9 x 13 torto formą ir kepkite iki 180°C/350°F/dujinės žymos 4 įkaitintoje orkaitėje 45 minutes, kol į centrą įsmeigtas iešmas išeis švarus.

Traškus bananų pyragas

Padaro vieną 23 cm/9 tortą

100 g/4 uncijos/½ puodelio sviesto arba margarino, suminkštinto

300 g / 11 uncijos / 11/3 puodeliai smulkaus (labai smulkaus) cukraus

2 kiaušiniai, lengvai paplakti

175 g/6 uncijos/1½ puodelio paprastų (universalių) miltų

2,5 ml / ½ šaukštelio druskos

1,5 ml/½ šaukštelio tarkuoto muskato riešuto

5 ml/1 arbatinis šaukštelis sodos bikarbonatas (kepimo soda)

75 ml/5 šaukštai pieno

Keli lašai vanilės esencijos (ekstrakto)

4 bananai, sutrinti

Užpilui:

50 g/2 uncijos/¼ puodelio demerara cukraus

50 g / 2 uncijos / 2 puodeliai kukurūzų dribsniai, susmulkinti

2,5 ml/½ šaukštelio malto cinamono

25 g/1 uncijos/2 šaukštai sviesto arba margarino

Sviestą arba margariną ir cukrų išplakite iki šviesios ir purios masės. Palaipsniui įmuškite kiaušinius, tada įmaišykite miltus, druską ir muskato riešutą. Įmaišykite sodos bikarbonatą į pieną ir vanilės esenciją ir įmaišykite į mišinį su bananais. Šaukštu dėkite į riebalais išteptą ir išklotą 23 cm/9 kvadratinę torto formą.

Norėdami paruošti užpilą, sumaišykite cukrų, kukurūzų dribsnius ir cinamoną ir įtrinkite sviestu arba margarinu. Pabarstykite pyragą ir kepkite iki 180°C/350°F/dujų žymė 4 įkaitintoje orkaitėje 45 minutes, kol sutvirtės.

Bananų kempinė

Padaro vieną 23 cm/9 tortą

100 g/4 uncijos/½ puodelio sviesto arba margarino, suminkštinto

100 g/4 uncijos/½ puodelio smulkaus (labai smulkaus) cukraus

2 kiaušiniai, sumušti

2 dideli prinokę bananai, sutrinti

225 g/8 uncijos/1 puodelis savaime kylančių (savaime kylančių) miltų

45 ml/3 šaukštai pieno

                       Įdarui ir užpilui:

225 g / 8 uncijos / 1 puodelis grietinėlės sūrio

30 ml/2 a.š rūgščios (pieninės grietinės) grietinėlės

100 g/4 uncijos džiovintų bananų traškučių

Sviestą arba margariną ir cukrų sutrinkite iki šviesios ir purios masės. Palaipsniui įmuškite kiaušinius, tada įmaišykite bananus ir miltus. Sumaišykite pieną, kol masė taps lašelinės konsistencijos. Šaukštu sudėkite į riebalais išteptą ir išklotą 23 cm/9 skersmens torto formą ir kepkite iki 180°C įkaitintoje orkaitėje apie 30 minučių, kol į centrą įsmeigtas iešmas išeis švarus. Išverskite ant grotelių ir palikite atvėsti, tada perpjaukite per pusę horizontaliai.

Norėdami paruošti užpilą, sumaišykite kreminį sūrį ir grietinę, o pusę mišinio sudėkite abiem torto pusėms. Ant viršaus paskleiskite likusį mišinį ir papuoškite bananų drožlėmis.

Daug skaidulų turintis bananų pyragas

Padaro vieną 18 cm/7 tortą

100 g/4 uncijos/½ puodelio sviesto arba margarino, suminkštinto

50 g/2 uncijos/¼ puodelio minkšto rudojo cukraus

2 kiaušiniai, lengvai paplakti

100 g/4 uncijos/1 puodelis pilno grūdo (viso grūdo) miltų

10 ml/2 šaukštelio kepimo miltelių

2 bananai, sutrinti

Įdarui:

225 g / 8 uncijos / 1 puodelis varškės (glotnios varškės) sūrio

5 ml/1 arbatinis šaukštelis citrinos sulčių

15 ml/1 valgomasis šaukštas skaidraus medaus

1 bananas, supjaustytas

Cukraus glazūra (konditerinis) sijotas, skirtas dulkėms

Sumaišykite sviestą arba margariną ir cukrų iki šviesios ir purios masės. Palaipsniui įmuškite kiaušinius, tada suberkite miltus ir kepimo miltelius. Švelniai įmaišykite bananus. Supilkite mišinį į dvi riebalais išteptas ir išklotas 18 cm/7 storio pyrago formeles (keptuvėles) ir kepkite įkaitintoje orkaitėje 30 minučių, kol sutvirtės. Palikite atvėsti.

Norėdami pagaminti įdarą, sumaišykite kreminį sūrį, citrinos sultis ir medų ir aptepkite vieną iš pyragų. Ant viršaus išdėliokite bananų skilteles, tada uždenkite antruoju pyragu. Patiekite apibarstę cukraus pudra.

Bananų ir citrinų pyragas

Padaro vieną 18 cm/7 tortą

100 g/4 uncijos/½ puodelio sviesto arba margarino, suminkštinto

175 g / 6 uncijos / ¾ puodelio smulkaus (labai smulkaus) cukraus

2 kiaušiniai, lengvai paplakti

225 g/8 uncijos/2 puodeliai savaime kylančių (savaime kylančių) miltų

2 bananai, sutrinti

Įdarui ir užpilui:

75 ml/5 šaukštai citrinų varškės

2 bananai, supjaustyti

45 ml/3 šaukštai citrinos sulčių

100 g/4 uncijos/2/3 puodelio cukraus pudros (konditerių), išsijotas

Sumaišykite sviestą arba margariną ir cukrų iki šviesios ir purios masės. Palaipsniui įmuškite kiaušinius, kiekvieną kartą gerai išplakite, tada įmaišykite miltus ir bananus. Supilkite mišinį į dvi riebalais išteptas ir 18 cm/7 storio sumuštinių formeles ir kepkite iki 180°C įkaitintoje orkaitėje 30 minučių. Išverčiame ir paliekame atvėsti.

Sumuštinius sudėkite su citrinų varške ir puse banano griežinėlių. Likusias bananų skilteles apšlakstykite 15 ml/1 a.š. citrinos sulčių. Likusias citrinos sultis sumaišykite su cukraus pudra, kad susidarytų standus glajus (glajus). Užtepkite glajų ant torto ir papuoškite banano griežinėliais.

Blenderiu bananų šokoladinį pyragą

Padaro vieną 20 cm/8 tortą

225 g/8 uncijos/2 puodeliai savaime kylančių (savaime kylančių) miltų

2,5 ml/½ šaukštelio kepimo miltelių

40 g/1½ uncijos/3 šaukštai geriamojo šokolado miltelių

2 kiaušiniai

60 ml/4 šaukštai pieno

150 g / 5 uncijos / 2/3 puodelio smulkaus (labai smulkaus) cukraus

100 g/4 uncijos/½ puodelio minkšto margarino

2 prinokę bananai, supjaustyti

Sumaišykite miltus, kepimo miltelius ir geriamąjį šokoladą. Likusius ingredientus plakite trintuvu arba virtuviniu kombainu apie 20 sekundžių – mišinys atrodys sutraukęs. Supilkite į sausus ingredientus ir gerai išmaišykite. Sudėkite į riebalais išteptą ir išklotą 20 cm/8 storio torto formą ir kepkite iki 180°C/350°F/ gas mark 4 įkaitintoje orkaitėje apie 1 valandą, kol į centrą įsmeigtas iešmas išeis švarus. Išverskite ant grotelių, kad atvėstų.

Bananų ir žemės riešutų pyragas

Padaro vieną 900 g/2 svarų pyragą

275 g / 10 uncijos / 2½ puodeliai paprastų (universalių) miltų

225 g / 8 uncijos / 1 puodelis smulkaus (labai smulkaus) cukraus

100 g / 4 uncijos / 1 puodelis žemės riešutų, smulkiai pjaustytų

15 ml/1 valgomasis šaukštas kepimo miltelių

Žiupsnelis druskos

2 kiaušiniai, atskirti

6 bananai, sutrinti

Nutarkuota žievelė ir 1 mažos citrinos sultys

50 g/2 uncijos/¼ puodelio sviesto arba margarino, ištirpinto

Sumaišykite miltus, cukrų, riešutus, kepimo miltelius ir druską. Išplakite kiaušinių trynius ir įmaišykite juos į mišinį su bananais, citrinos žievele ir sultimis bei sviestu arba margarinu. Kiaušinių baltymus išplakti iki standžių putų, tada įmaišyti į masę. Šaukštu sudėkite į riebalais išteptą 900 g/2 svarų kepimo formą (keptuvą) ir kepkite iki 180°C/350°F/dujų žymės 4 įkaitintoje orkaitėje 1 valandą, kol į centrą įsmeigtas iešmas išeis švarus.

Viskas viename bananų ir razinų pyragas

Padaro vieną 900 g/2 svarų pyragą

450 g prinokusių bananų, sutrintų

50 g/2 uncijos/½ puodelio kapotų sumaišytų riešutų

120 ml / 4 fl uncijos / ½ puodelio saulėgrąžų aliejaus

100 g/4 uncijos/2/3 puodelio razinų

75 g/3 uncijos/¾ puodelio valcuotų avižų

150 g/5 uncijos/1¼ puodeliai pilno grūdo miltų

1,5 ml/¼ šaukštelio migdolų esencijos (ekstraktas)

Žiupsnelis druskos

Sumaišykite visus ingredientus iki minkštos, drėgnos masės. Sudėkite į riebalais išteptą ir išklotą 900 g (2 svarų) kepimo formą ir kepkite iki 190°C/375°F/dujų žymė 5 įkaitintoje orkaitėje 1 valandą, kol taps auksinės rudos spalvos, o į vidurį įsmeigtas iešmas bus švarus. . Prieš išversdami, 10 minučių atvėsinkite skardoje.

Bananų ir viskio pyragas

Padaro vieną 25 cm/10 tortą

225 g/8 uncijos/1 puodelis sviesto arba margarino, suminkštinto

450 g / 1 svaras / 2 puodeliai minkšto rudojo cukraus

3 prinokę bananai, sutrinti

4 kiaušiniai, lengvai paplakti

175 g/6 uncijos/1½ puodelio pekano riešutų, stambiai pjaustytų

225 g/8 uncijos/11/3 puodeliai sultonų (auksinių razinų)

350 g/12 uncijų/3 puodeliai paprastų (universalių) miltų

15 ml/1 valgomasis šaukštas kepimo miltelių

5 ml/1 šaukštelis malto cinamono

2,5 ml/½ šaukštelio malto imbiero

2,5 ml/½ šaukštelio tarkuoto muskato riešuto

150 ml / ¼ pinto / 2/3 puodelio viskio

Sumaišykite sviestą arba margariną ir cukrų iki šviesios ir purios masės. Įmaišykite bananus, tada palaipsniui įmuškite kiaušinius. Riešutus ir sultonus sumaišykite su dideliu šaukštu miltų, tada atskirame dubenyje sumaišykite likusius miltus su kepimo milteliais ir prieskoniais. Į grietinėlės mišinį pakaitomis su viskiu įmaišykite miltus. Sulenkite riešutus ir sultonus. Šaukštu supilkite mišinį į riebalais neteptą 25 cm/10 torto formą ir kepkite iki 180°C įkaitintoje orkaitėje 1¼ valandos, kol taps elastinga. Palikite 10 minučių atvėsti skardoje, prieš iškeldami ant grotelių, kad baigtumėte atvėsti.

Mėlynių pyragas

Padaro vieną 23 cm/9 tortą

175 g / 6 uncijos / ¾ puodelio smulkaus (labai smulkaus) cukraus

60 ml/4 šaukštai aliejaus

1 kiaušinis, lengvai paplaktas

120 ml / 4 fl uncijos / ½ puodelio pieno

225 g/8 uncijos/2 puodeliai paprastų (universalių) miltų

10 ml/2 šaukštelio kepimo miltelių

2,5 ml / ½ šaukštelio druskos

225 g / 8 uncijos mėlynių

Užpilui:

50 g/2 uncijos/¼ puodelio sviesto arba margarino, ištirpinto

100 g / 4 uncijos / ½ puodelio granuliuoto cukraus

50 g/2 uncijos/¼ puodelio paprastų (universalių) miltų

2,5 ml/½ šaukštelio malto cinamono

Cukrų, aliejų ir kiaušinį išplakite iki vientisos masės. Supilkite pieną, tada sumaišykite miltus, kepimo miltelius ir druską. Sulenkite mėlynes. Šaukštu supilkite mišinį į riebalais išteptą ir miltais pabarstytą 23 cm/9 torto formą. Sumaišykite užpilo ingredientus ir pabarstykite ant mišinio. Kepkite iki 190°C įkaitintoje orkaitėje 50 minučių, kol į centrą įsmeigtas iešmas išeis švarus. Patiekite šiltą.

Vyšnių akmenukų pyragas

Padaro vieną 900 g/2 svarų pyragą

175 g/6 uncijos/¾ puodelio sviesto arba margarino, suminkštinto

175 g / 6 uncijos / ¾ puodelio smulkaus (labai smulkaus) cukraus

3 kiaušiniai, sumušti

225 g/8 uncijos/2 puodeliai paprastų (universalių) miltų

2,5 ml/½ šaukštelio kepimo miltelių

100 g/4 uncijos/2/3 puodelio sultonų (auksinių razinų)

150 g/5 uncijos/2/3 puodelio glazūruotų (cukruotų) vyšnių, supjaustytų ketvirčiais

225 g/8 uncijos šviežių vyšnių, be kauliukų (be kauliukų) ir per pusę

30 ml/2 šaukštai abrikosų uogienės (konservuoti)

Sviestą arba margariną išplakite iki minkštumo, tada supilkite cukrų. Įmaišykite kiaušinius, tada miltus, kepimo miltelius, sultoną ir glazūruotas vyšnias. Šaukštu sudėkite į riebalais išteptą 900 g/2 svarų kepimo formą ir kepkite iki 160°C/325°F/dujų žymeklio 3 įkaitintoje orkaitėje 2,5 valandos. Palikite skardoje 5 minutes, tada išverskite ant grotelių, kad baigtumėte atvėsti.

Iš eilės išdėliokite vyšnias ant torto viršaus. Abrikosų uogienę užvirkite nedidelėje keptuvėje, tada perkoškite (perkoškite) ir aptepkite pyrago viršų, kad suteptų.

Vyšnių ir kokosų pyragas

Padaro vieną 20 cm/8 tortą

350 g/12 oz/3 puodeliai savaime kylančių (savaime kylančių) miltų

175 g/6 uncijos/¾ puodelio sviesto arba margarino

225 g/8 uncijos/1 puodelis glazūruotų (cukruotų) vyšnių, supjaustytų ketvirčiais

100 g/4 uncijos/1 puodelis džiovinto (susmulkinto) kokoso

175 g / 6 uncijos / ¾ puodelio smulkaus (labai smulkaus) cukraus

2 dideli kiaušiniai, lengvai paplakti

200 ml / 7 fl oz / nedaug 1 puodelis pieno

Miltus suberkite į dubenį ir įtrinkite sviestu arba margarinu, kol masė taps panaši į džiūvėsėlius. Vyšnias įmeskite į kokosą, tada suberkite į mišinį su cukrumi ir lengvai išmaišykite. Įmuškite kiaušinius ir didžiąją dalį pieno. Gerai išplakite, jei reikia, įpilkite pieno, kad gautumėte minkštą konsistenciją. Sudėkite į riebalais išteptą ir išklotą 20 cm/8 torto formą. Kepkite iki 180°C įkaitintoje orkaitėje 1,5 valandos, kol į vidurį įsmeigtas iešmas išeis švarus.

Vyšnių ir sultonos pyragas

Padaro vieną 900 g/2 svarų pyragą

100 g/4 uncijos/½ puodelio sviesto arba margarino, suminkštinto

100 g/4 uncijos/½ puodelio smulkaus (labai smulkaus) cukraus

3 kiaušiniai, lengvai paplakti

100 g/4 uncijos/½ puodelio glazūruotų (cukruotų) vyšnių

350 g/12 uncijų/2 puodeliai sultonų (auksinių razinų)

175 g/6 uncijos/1½ puodelio paprastų (universalių) miltų

Žiupsnelis druskos

Sumaišykite sviestą arba margariną ir cukrų iki šviesios ir purios masės. Palaipsniui įmuškite kiaušinius. Suberkite vyšnias ir sultonus į šiek tiek miltų, kad pasidengtų, tada įmaišykite likusius miltus į mišinį su druska. Įmaišykite vyšnias ir sultonus. Šaukštu supilkite mišinį į riebalais išteptą ir išklotą 900 g/2 svarų kepimo formą ir kepkite iki 160°C/325°F/dujų žymės 3 įkaitintoje orkaitėje 1,5 valandos, kol į centrą įsmeigtas iešmas išeis švarus.

Ledinis vyšnių ir riešutų pyragas

Padaro vieną 18 cm/7 tortą

100 g/4 uncijos/½ puodelio sviesto arba margarino, suminkštinto

100 g/4 uncijos/½ puodelio smulkaus (labai smulkaus) cukraus

2 kiaušiniai, lengvai paplakti

15 ml/1 valgomasis šaukštas skaidraus medaus

150 g/5 uncijos/1¼ puodeliai savaime kylančių (savaime kylančių) miltų

5 ml/1 arbatinis šaukštelis kepimo miltelių

Žiupsnelis druskos

Papuošimui:

225 g/8 uncijos/11/3 stiklinės cukraus pudros (konditerių), išsijotas

30 ml/2 šaukštai vandens

Keli lašai raudonų maistinių dažų

4 glacé (cukruotos) vyšnios, perpjautos per pusę

4 graikinių riešutų pusės

Sumaišykite sviestą arba margariną ir cukrų iki šviesios ir purios masės. Palaipsniui įmuškite kiaušinius ir medų, tada įmaišykite miltus, kepimo miltelius ir druską. Šaukštu supilkite mišinį į riebalais išteptą ir 18 cm/8 storio torto formą (keptą) ir kepkite iki 190°C įkaitintoje orkaitėje 20 minučių, kol gerai iškils ir taps tvirtai liesti. Palikite atvėsti.

Į dubenį suberkite cukraus pudrą ir palaipsniui įmaišykite tiek vandens, kad susidarytų tepamas glajus (glajus). Labiausiai paskleiskite ant torto viršaus. Likusį glajų nudažykite keliais lašais maistinės spalvos, įpilkite šiek tiek daugiau cukraus pudros, jei dėl to glajus taps per plonas. Pertepkite arba paskleiskite raudoną glajų per tortą, kad padalintumėte jį į skilteles, tada papuoškite glazūruotomis vyšniomis ir graikiniais riešutais.

Damsono pyragas

Padaro vieną 20 cm/8 tortą

100 g/4 uncijos/½ puodelio sviesto arba margarino, suminkštinto

75 g / 3 uncijos / 1/3 puodelio minkšto rudojo cukraus

2 kiaušiniai, lengvai paplakti

225 g/8 uncijos/2 puodeliai savaime kylančių (savaime kylančių) miltų

450 g/1 svaro damsons, be kauliukų (be kauliukų) ir per pusę

50 g/2 uncijos/½ puodelio kapotų sumaišytų riešutų.

Sviestą arba margariną ir cukrų sutrinkite iki šviesios ir purios masės, tada palaipsniui įmuškite kiaušinius, kiekvieną kartą gerai išplakdami. Supilkite miltus ir damsonus. Šaukštu supilkite mišinį į riebalais išteptą ir 20 cm/8 storio torto formą (keptą) ir pabarstykite riešutais. Kepkite iki 190°C įkaitintoje orkaitėje 45 minutes, kol sutvirtės. Leiskite 10 minučių atvėsti skardoje, prieš iškeldami ant grotelių, kad baigtumėte atvėsti.

Datulių ir riešutų pyragas

Padaro vieną 23 cm/9 tortą

300 ml/½ pt/1¼ stiklinės verdančio vandens

225 g/8 uncijos/11/3 puodeliai datulių, be kauliukų (be kauliukų) ir susmulkintų

5 ml/1 arbatinis šaukštelis sodos bikarbonatas (kepimo soda)

75 g/3 uncijos/1/3 puodelio sviesto arba margarino, suminkštinto

225 g / 8 uncijos / 1 puodelis smulkaus (labai smulkaus) cukraus

1 kiaušinis, sumuštas

275 g / 10 uncijos / 2½ puodeliai paprastų (universalių) miltų

Žiupsnelis druskos

2,5 ml/½ šaukštelio kepimo miltelių

50 g / 2 uncijos / ½ puodelio graikinių riešutų, susmulkintų

Užpilui:

50 g/2 uncijos/¼ puodelio minkšto rudojo cukraus

25 g/1 uncijos/2 šaukštai sviesto arba margarino

30 ml/2 šaukštai pieno

Kelios graikinio riešuto pusės papuošimui

Į dubenį supilkite vandenį, datules ir sodos bikarbonatą ir palikite 5 minutes pastovėti. Sumaišykite sviestą arba margariną ir cukrų iki minkštos masės, tada įmaišykite kiaušinį su vandeniu ir datulėmis. Sumaišykite miltus, druską ir kepimo miltelius, tada įmaišykite į masę su graikiniais riešutais. Sudėkite į riebalais išteptą ir išklotą 23 cm/9 skersmens torto formą ir kepkite iki 180°C įkaitintoje orkaitėje 4 1 valandą, kol sutvirtės. Atvėsinkite ant grotelių.

Norėdami paruošti užpilą, sumaišykite cukrų, sviestą ir pieną iki vientisos masės. Aptepkite pyragą ir papuoškite graikinių riešutų puselėmis.

Citrinų pyragas

Padaro vieną 20 cm/8 tortą

175 g/6 uncijos/¾ puodelio sviesto arba margarino, suminkštinto

175 g / 6 uncijos / ¾ puodelio smulkaus (labai smulkaus) cukraus

2 kiaušiniai, sumušti

225 g/8 uncijos/2 puodeliai savaime kylančių (savaime kylančių) miltų

1 citrinos sultys ir tarkuota žievelė

60 ml/4 šaukštai pieno

Sumaišykite sviestą arba margariną ir 100 g/4 oz/½ puodelio cukraus. Po truputį įmuškite kiaušinius, tada įmaišykite miltus ir tarkuotą citrinos žievelę. Įmaišykite tiek pieno, kad susidarytų minkšta konsistencija. Supilkite mišinį į riebalais išteptą ir išklotą 20 cm/8 storio torto formą ir kepkite iki 180°C/350°F/ gas mark 4 įkaitintoje orkaitėje 1 valandą, kol pakils ir taps auksinės spalvos. Likusį cukrų ištirpinkite citrinos sultyse. Karštą pyragą subadykite šakute ir užpilkite sulčių mišiniu. Palikite atvėsti.

Apelsinų ir migdolų pyragas

Padaro vieną 20 cm/8 tortą

4 kiaušiniai, atskirti

100 g/4 uncijos/½ puodelio smulkaus (labai smulkaus) cukraus

Nutarkuota 1 apelsino žievelė

50 g/2 uncijos/½ puodelio migdolų, smulkiai pjaustytų

50 g/2 uncijos/½ puodelio maltų migdolų

Sirupui:

100 g/4 uncijos/½ puodelio smulkaus (labai smulkaus) cukraus

300 ml/½ pt/1¼ puodelio apelsinų sulčių

15 ml/1 valgomasis šaukštas apelsinų likerio (nebūtina)

1 cinamono lazdelė

Suplakite kiaušinių trynius, cukrų, apelsino žievelę, migdolus ir maltus migdolus. Kiaušinių baltymus išplakite iki standžių putų, tada įmaišykite į masę. Šaukštu supilkite į riebalais išteptą ir miltais pabarstytą 20 cm/8 skersmens kepimo formą (keptą) ir kepkite iki 180°C įkaitintoje orkaitėje 4 45 minutes, kol sutvirtės. Viską subadykite iešmu ir palikite atvėsti.

Tuo tarpu apelsinų sultyse ir likeryje, jei naudojate, ištirpinkite cukrų ant nedidelės ugnies su cinamono lazdele, retkarčiais pamaišydami. Užvirinkite ir virkite, kol sumažės iki plono sirupo. Išmeskite cinamoną. Šaukštu užpilkite šiltu sirupu ant pyrago ir palikite susigerti.

Avižinis kepalo pyragas

Padaro vieną 900 g/2 svarų pyragą

100 g / 4 uncijos / 1 puodelis avižinių dribsnių

300 ml/½ pt/1¼ stiklinės verdančio vandens

100 g/4 uncijos/½ puodelio sviesto arba margarino, suminkštinto

225 g / 8 uncijos / 1 puodelis minkšto rudojo cukraus

225 g / 8 uncijos / 1 puodelis smulkaus (labai smulkaus) cukraus

2 kiaušiniai, lengvai paplakti

175 g/6 uncijos/1½ puodelio paprastų (universalių) miltų

10 ml/2 šaukštelio kepimo miltelių

5 ml/1 arbatinis šaukštelis sodos bikarbonatas (kepimo soda)

5 ml/1 šaukštelis malto cinamono

Avižinius dribsnius pamirkykite verdančiame vandenyje. Sviestą arba margariną ir cukrų sutrinkite iki šviesios ir purios masės. Pamažu įmuškite kiaušinius, tada įmaišykite miltus, kepimo miltelius, sodos bikarbonatą ir cinamoną. Galiausiai įmaišykite avižinių dribsnių mišinį ir maišykite, kol gerai susimaišys. Šaukštu sudėkite į riebalais išteptą ir išklotą 900 g/2 svarų kepimo formą (keptuvą) ir kepkite iki 180°C/350°F/dujų žymės 4 įkaitintoje orkaitėje apie 1 valandą, kol sutvirtės.

Aštrus matinis mandarinų pyragas

Padaro vieną 20 cm/8 tortą

175 g/6 uncijos/3/4 puodelio minkšto margarino

250 g / 9 uncijos / gausus 1 puodelis smulkaus (labai smulkaus) cukraus

225 g/8 uncijos/2 puodeliai savaime kylančių (savaime kylančių) miltų

5 ml/1 arbatinis šaukštelis kepimo miltelių

3 kiaušiniai

Smulkiai tarkuota žievelė ir 1 nedidelio apelsino sultys

300 g/11 oz/1 vidutinė skardinė mandarinų, gerai nusausinta

Smulkiai tarkuota žievelė ir 1/2 citrinos sultys

Margariną, 175 g/6 uncijos/3/4 puodelio cukraus, miltus, kepimo miltelius, kiaušinius, apelsino žievelę ir sultis sumaišykite virtuviniu kombainu arba elektriniu plakikliu iki vientisos masės. Smulkiai supjaustykite mandarinus ir sulankstykite. Šaukštu dėkite į riebalais išteptą ir 20 cm/8 storio išklotą torto formą. Išlyginkite paviršių. Kepkite iki 180°C įkaitintoje orkaitėje 1 valandą 10 minučių arba tol, kol į centrą įsmeigtas iešmas išeis švarus. Atvėsinkite 5 minutes, tada išimkite iš formos ir padėkite ant grotelių. Tuo tarpu likusį cukrų sumaišykite su citrinos žievele ir sultimis iki vientisos masės. Paskleiskite ant viršaus ir palikite atvėsti.

Apelsinų pyragas

Padaro vieną 20 cm/8 tortą

175 g/6 uncijos/¾ puodelio sviesto arba margarino, suminkštinto

175 g / 6 uncijos / ¾ puodelio smulkaus (labai smulkaus) cukraus

2 kiaušiniai, sumušti

225 g/8 uncijos/2 puodeliai savaime kylančių (savaime kylančių) miltų

1 apelsino sultys ir tarkuota žievelė

60 ml/4 šaukštai pieno

Sumaišykite sviestą arba margariną ir 100 g/4 oz/½ puodelio cukraus. Po truputį įmuškite kiaušinius, tada įmaišykite miltus ir tarkuotą apelsino žievelę. Įmaišykite pakankamai pieno, kad gautumėte minkštą konsistenciją. Supilkite mišinį į riebalais išteptą ir išklotą 20 cm/8 skersmens torto formą ir kepkite iki 180°C įkaitintoje orkaitėje 1 valandą, kol pakils ir taps auksinės spalvos. Apelsinų sultyse ištirpinkite likusį cukrų. Karštą pyragą subadykite šakute ir užpilkite sulčių mišiniu. Palikite atvėsti.

Persikų pyragas

Padaro vieną 23 cm/9 tortą

100 g/4 uncijos/½ puodelio sviesto arba margarino, suminkštinto

225 g / 8 uncijos / 1 puodelis smulkaus (labai smulkaus) cukraus

3 kiaušiniai, atskirti

450 g/1 svaras/4 puodeliai paprastų (universalių) miltų

Žiupsnelis druskos

5 ml/1 arbatinis šaukštelis sodos bikarbonatas (kepimo soda)

120 ml / 4 fl uncijos / ½ puodelio pieno

225 g/8 uncijos/2/3 puodelio persikų uogienės (konservuotas)

Sumaišykite sviestą arba margariną ir cukrų. Palaipsniui įmuškite kiaušinių trynius, tada suberkite miltus ir druską. Sumaišykite sodos bikarbonatą su pienu, tada įmaišykite į pyrago mišinį, o po to - uogienę. Kiaušinių baltymus išplakti iki standžių putų, tada įmaišyti į masę. Šaukštu supilkite į dvi riebalais išteptas ir 23 cm/9 storio išklotas pyrago formeles ir kepkite iki 180°C įkaitintoje orkaitėje 25 minutes, kol gražiai iškils ir taps elastingas.

Apelsinų ir Marsalos pyragas

Padaro vieną 23 cm/9 tortą

175 g/6 uncijos/1 puodelis sultonų (auksinių razinų)

120 ml / 4 fl uncijos / ½ puodelio Marsala

175 g/6 uncijos/¾ puodelio sviesto arba margarino, suminkštinto

100 g/4 uncijos/½ puodelio minkšto rudojo cukraus

225 g / 8 uncijos / 1 puodelis smulkaus (labai smulkaus) cukraus

3 kiaušiniai, lengvai paplakti

Smulkiai tarkuota 1 apelsino žievelė

5 ml/1 arbatinis šaukštelis apelsinų gėlių vandens

275 g / 10 uncijos / 2½ puodeliai paprastų (universalių) miltų

10 ml/2 šaukštelis sodos bikarbonato (kepimo soda)

Žiupsnelis druskos

375 ml/13 fl oz/1½ puodelio pasukų

Apelsinų likerio glajus

Mirkykite sultonus Marsaloje per naktį.

Sviestą arba margariną ir cukrų sutrinkite iki šviesios ir purios masės. Palaipsniui įmuškite kiaušinius, tada įmaišykite apelsino žievelę ir apelsinų žiedų vandenį. Pakaitomis su pasukomis įmaišykite miltus, sodos bikarbonatą ir druską. Įmaišykite išmirkytus sultonus ir Marsalą. Šaukštu supilkite į dvi riebalais išteptas ir išklotas 23 cm/9 skersmens torto formeles ir kepkite iki 180°C įkaitintoje orkaitėje 35 minutes, kol taps elastingas ir pradės trauktis nuo šonų. skardinių. Palikite 10 minučių atvėsti skardinėse, prieš iškeldami ant grotelių, kad baigtumėte atvėsti.

Sumuštinius pyragaičius sudėkite kartu su puse apelsinų likerio glajaus, tada ant viršaus užtepkite likusį glajų.

Persikų ir kriaušių pyragas

Padaro vieną 23 cm/9 tortą

175 g/6 uncijos/¾ puodelio sviesto arba margarino, suminkštinto

150 g / 5 uncijos / 2/3 puodelio smulkaus (labai smulkaus) cukraus

2 kiaušiniai, lengvai paplakti

75 g/3 uncijos/¾ puodelio pilno grūdo (viso grūdo) miltų

75 g/3 uncijos/¾ puodelio paprastų (universalių) miltų

10 ml/2 šaukštelio kepimo miltelių

15 ml/1 valgomasis šaukštas pieno

2 persikai, be kauliukų, nulupti ir supjaustyti

2 kriaušės, nuluptos, nuluptos ir susmulkintos

30 ml/2 a.š cukraus pudros (konditerinio) persijoto

Sumaišykite sviestą arba margariną ir cukrų iki šviesios ir purios masės. Palaipsniui įmuškite kiaušinius, tada suberkite miltus ir kepimo miltelius, supilkite pieną, kad masė būtų purios konsistencijos. Sulenkite persikus ir kriaušes. Šaukštu supilkite mišinį į riebalais išteptą ir 23 cm/9 skersmens torto formą ir kepkite iki 190°C įkaitintoje orkaitėje 1 valandą, kol gerai iškils ir taps elastinga liesti. Palikite 10 minučių atvėsti skardoje, prieš iškeldami ant grotelių, kad baigtumėte atvėsti. Prieš patiekdami apibarstykite cukraus pudra.

Drėgnas ananasų pyragas

Padaro vieną 20 cm/8 tortą

100 g/4 uncijos/½ puodelio sviesto arba margarino

350 g / 12 uncijos / 2 puodeliai džiovintų mišrių vaisių (vaisių pyrago mišinys)

225 g / 8 uncijos / 1 puodelis minkšto rudojo cukraus

5 ml/1 šaukštelis maltų mišrių (obuolių pyrago) prieskonių

5 ml/1 arbatinis šaukštelis sodos bikarbonatas (kepimo soda)

425 g/15 oz/1 didelės skardos nesaldinti susmulkinti ananasai, nusausinti

225 g/8 uncijos/2 puodeliai savaime kylančių (savaime kylančių) miltų

2 kiaušiniai, sumušti

Visus ingredientus, išskyrus miltus ir kiaušinius, sudėkite į keptuvę ir švelniai kaitinkite iki virimo, gerai išmaišykite. Nuolat virkite 3 minutes, tada leiskite mišiniui visiškai atvėsti. Įmaišykite miltus, tada palaipsniui įmaišykite kiaušinius. Supilkite mišinį į riebalais išteptą ir išklotą 20 cm/8 storio torto formą ir kepkite iki 180°C įkaitintoje orkaitėje 1½–1¾ valandos, kol gerai iškils ir taps kietas liečiant. Leiskite atvėsti skardoje.

Ananasų ir vyšnių pyragas

Padaro vieną 20 cm/8 tortą

100 g/4 uncijos/½ puodelio sviesto arba margarino, suminkštinto

100 g / 4 uncijos / 1 puodelis smulkaus (labai smulkaus) cukraus

2 kiaušiniai, sumušti

225 g/8 uncijos/2 puodeliai savaime kylančių (savaime kylančių) miltų

2,5 ml/½ šaukštelio kepimo miltelių

2,5 ml/½ šaukštelio malto cinamono

175 g/6 uncijos/1 puodelis sultonų (auksinių razinų)

25 g/1 uncijos/2 šaukštai glazūruotų (cukruotų) vyšnių

400 g/14 uncijos/1 didelės skardinės ananasai, nusausinti ir susmulkinti

30 ml/2 šaukštai brendžio arba romo

Cukraus glazūra (konditerinis) sijotas, skirtas dulkėms

Sumaišykite sviestą arba margariną ir cukrų iki šviesios ir purios masės. Pamažu įmuškite kiaušinius, tada įmaišykite miltus, kepimo miltelius ir cinamoną. Švelniai įmaišykite likusius ingredientus. Šaukštu supilkite mišinį į riebalais išteptą ir 20 cm/8 skersmens išklotą torto formą ir kepkite iki 160°C/325°F/ dujų žymeklio 3 įkaitintoje orkaitėje 1,5 valandos, kol į centrą įsmeigtas iešmas išeis švarus. Palikite atvėsti, tada patiekite apibarstytą cukraus pudra.

Natal ananasų pyragas

Padaro vieną 23 cm/9 tortą

50 g/2 uncijos/¼ puodelio sviesto arba margarino

100 g/4 uncijos/½ puodelio smulkaus (labai smulkaus) cukraus

1 kiaušinis, lengvai paplaktas

150 g/5 uncijos/1¼ puodeliai savaime kylančių (savaime kylančių) miltų

Žiupsnelis druskos

120 ml / 4 fl uncijos / ½ puodelio pieno

Užpilui:

100 g/4 uncijos šviežių arba konservuotų ananasų, stambiai sutarkuotų

1 valgomasis (desertinis) obuolys, nuluptas, nuluptas ir stambiai tarkuotas

120 ml / 4 fl uncijos / ½ puodelio apelsinų sulčių

15 ml/1 valgomasis šaukštas citrinos sulčių

100 g/4 uncijos/½ puodelio smulkaus (labai smulkaus) cukraus

5 ml/1 šaukštelis malto cinamono

Ištirpinkite sviestą arba margariną, tada išplakite cukrų ir kiaušinį iki putų. Pakaitomis su pienu įmaišykite miltus ir druską, kad susidarytų tešla. Šaukštu supilkite į riebalais išteptą ir 23 cm/9 skersmens torto formą ir kepkite iki 180°C įkaitintoje orkaitėje 4 25 minutes, kol taps auksinė ir elastinga.

Visus užpilo ingredientus užvirinkite, tada troškinkite 10 minučių. Šaukštu uždėkite ant šilto pyrago ir kepkite ant grotelių (kepkite), kol ananasas pradės ruduoti. Prieš patiekdami atvėsinkite šiltą arba šaltą.

Ananasas aukštyn kojom

Padaro vieną 20 cm/8 tortą

175 g/6 uncijos/¾ puodelio sviesto arba margarino, suminkštinto

175 g/6 uncijos/¾ puodelio minkšto rudojo cukraus

400 g / 14 uncijos / 1 didelės skardinės ananaso griežinėliai, nusausinti ir sultys rezervuotos

4 glacé (cukruotos) vyšnios, perpjautos per pusę

2 kiaušiniai

100 g/4 uncijos/1 puodelis savaime kylančių (savaime kylančių) miltų

Sutrinkite 75 g/3 uncijos/1/3 puodelio sviesto arba margarino su 75 g/3 uncijos/1/3 puodelio cukraus iki šviesios ir purios masės ir paskleiskite ant riebalais išteptos 20 cm/8 torto formos pagrindo (keptuvę). Ant viršaus išdėliokite ananaso skilteles ir apvalia puse žemyn pabarstykite vyšniomis. Sumaišykite likusį sviestą arba margariną ir cukrų, tada palaipsniui įmuškite kiaušinius. Supilkite miltus ir 30 ml/2 šaukštus rezervuotų ananasų sulčių. Ant ananasų uždėkite šaukštą ir kepkite iki 180°C/350°F/dujų žymė 4 įkaitintoje orkaitėje 45 minutes, kol sutvirtės. Palikite 5 minutes atvėsti skardoje, tada atsargiai išimkite iš skardos ir apverskite ant grotelių, kad atvėstų.

Ananasų ir riešutų pyragas

Padaro vieną 23 cm/9 tortą

225 g/8 uncijos/1 puodelis sviesto arba margarino, suminkštinto

225 g / 8 uncijos / 1 puodelis smulkaus (labai smulkaus) cukraus

5 kiaušiniai

350 g/12 uncijų/3 puodeliai paprastų (universalių) miltų

100 g/4 uncijos/1 puodelis graikinių riešutų, stambiai pjaustytų

100 g/4 uncijos/2/3 puodelio glazūruotų (cukruotų) ananasų, pjaustytų

Šiek tiek pieno

Sumaišykite sviestą arba margariną ir cukrų iki šviesios ir purios masės. Palaipsniui įmuškite kiaušinius, tada įmaišykite miltus, riešutus ir ananasus, įpildami tiek pieno, kad susidarytų konsistencija. Šaukštu sudėkite į riebalais išteptą ir išklotą 23 cm/9 skersmens torto formą ir kepkite iki 150°C įkaitintoje orkaitėje 2 pusvalandį, kol į centrą įsmeigtas iešmas išeis švarus.

Aviečių pyragas

Padaro vieną 20 cm/8 tortą

100 g/4 uncijos/½ puodelio sviesto arba margarino, suminkštinto

200 g/7 uncijos/nedaug 1 puodelis smulkaus cukraus

2 kiaušiniai, lengvai paplakti

250 ml / 8 fl oz / 1 puodelis raugintos (pieninės grietinės) grietinėlės

5 ml/1 šaukštelis vanilės esencijos (ekstraktas)

250 g/9 uncijos/2¼ puodeliai paprastų (universalių) miltų

5 ml/1 arbatinis šaukštelis kepimo miltelių

5 ml/1 arbatinis šaukštelis sodos bikarbonatas (kepimo soda)

5 ml/1 arbatinis šaukštelis kakavos (nesaldinto šokolado) miltelių

2,5 ml / ½ šaukštelio druskos

100 g/4 uncijos šviežių arba atšildytų šaldytų aviečių

Užpilui:

30 ml/2 šaukštai smulkaus cukraus

5 ml/1 šaukštelis malto cinamono

Sumaišykite sviestą arba margariną ir cukrų. Pamažu įmuškite kiaušinius, tada grietinę ir vanilės esenciją. Supilkite miltus, kepimo miltelius, sodos bikarbonatą, kakavą ir druską. Sulenkite avietes. Šaukštu supilkite į riebalais išteptą 20 cm/8 torto formą. Sumaišykite cukrų ir cinamoną ir pabarstykite pyrago viršų. Kepkite iki 200°C įkaitintoje orkaitėje 35 minutes, kol taps auksinės rudos spalvos, o centre esantis iešmas išeis švarus. Pabarstykite cukrumi, sumaišytu su cinamonu.

Rabarbarų pyragas

Padaro vieną 20 cm/8 tortą

225 g/8 uncijos/2 puodeliai pilno grūdo (viso grūdo) miltų

10 ml/2 šaukštelio kepimo miltelių

10 ml/2 šaukštelio malto cinamono

45 ml/3 šaukštai skaidraus medaus

175 g/6 uncijos/1 puodelis sultonų (auksinių razinų)

2 kiaušiniai

150 ml / ¼ pt / 2/3 puodelio pieno

225 g / 8 uncijos rabarbarų, susmulkintų

30 ml/2 šaukštai demerara cukraus

Sumaišykite visus ingredientus, išskyrus rabarbarus ir cukrų. Įmaišykite rabarbarus ir šaukštu supilkite į riebalais išteptą ir miltais pabarstytą 20 cm/8 torto formą. Pabarstykite cukrumi. Kepkite iki 180 °C įkaitintoje orkaitėje 45 minutes, kol sutvirtės. Prieš išversdami, palikite 10 minučių atvėsti skardoje.

Rabarbarų-medaus pyragas

Padaro du 450 g/1 svaro pyragaičius

250 g / 9 uncijos / 2/3 puodelio skaidraus medaus

120 ml/4 fl uncijos/½ puodelio aliejaus

1 kiaušinis, lengvai paplaktas

15 ml/1 valgomasis šaukštas sodos bikarbonatas (kepimo soda)

150 ml/¼ pt/2/3 puodelio natūralaus jogurto

75 ml / 5 šaukštai vandens

350 g/12 uncijų/3 puodeliai paprastų (universalių) miltų

10 ml/2 šaukštelio druskos

350 g/12 uncijų rabarbarų, smulkiai pjaustytų

5 ml/1 šaukštelis vanilės esencijos (ekstraktas)

50 g/2 uncijos/½ puodelio kapotų sumaišytų riešutų

Užpilui:
75 g / 3 uncijos / 1/3 puodelio minkšto rudojo cukraus

5 ml/1 šaukštelis malto cinamono

15 ml/1 a.š. sviesto arba margarino, ištirpinto

Sumaišykite medų ir aliejų, tada įmuškite kiaušinį. Sodos bikarbonatą įmaišykite į jogurtą ir vandenį, kol ištirps. Sumaišykite miltus ir druską ir pakaitomis su jogurtu supilkite į medaus mišinį. Įmaišykite rabarbarus, vanilės esenciją ir riešutus. Supilkite į dvi riebalais išteptas ir išklotas 450 g/1 svaro kepalų formeles. Sumaišykite užpildo ingredientus ir pabarstykite pyragus. Kepkite iki 160°C įkaitintoje orkaitėje 1 valandą, kol taps tvirtai liesti, o viršus taps auksinės spalvos. Palikite 10 minučių atvėsti skardinėse, tada išverskite ant grotelių, kad baigtumėte atvėsti.

Burokėlių pyragas

Padaro vieną 20 cm/8 tortą

250 g/9 uncijos/1¼ puodeliai paprastų (universalių) miltų

15 ml/1 valgomasis šaukštas kepimo miltelių

5 ml/1 šaukštelis malto cinamono

Žiupsnelis druskos

150 ml / 8 fl oz / 1 puodelis aliejaus

300 g / 11 uncijos / 11/3 puodeliai smulkaus (labai smulkaus) cukraus

3 kiaušiniai, atskirti

150 g žalių burokėlių, nuluptų ir stambiai sutarkuotų

150 g/5 uncijos morkų, stambiai sutarkuotų

100 g / 4 uncijos / 1 puodelis kapotų sumaišytų riešutų

Sumaišykite miltus, kepimo miltelius, cinamoną ir druską. Supilkite aliejų ir cukrų. Įmuškite kiaušinių trynius, burokėlius, morkas ir riešutus. Kiaušinių baltymus išplakti iki standžių putų, tada metaliniu šaukštu įmaišyti į masę. Šaukštu supilkite mišinį į riebalais išteptą ir 20 cm/8 storio torto formą ir kepkite iki 180°C įkaitintoje orkaitėje 1 valandą, kol taps elastinga.

Morkų ir bananų pyragas

Padaro vieną 20 cm/8 tortą

175 g / 6 uncijos morkos, sutarkuotos

2 bananai, sutrinti

75 g/3 uncijos/½ puodelio sultonų (auksinių razinų)

50 g/2 uncijos/½ puodelio kapotų sumaišytų riešutų

175 g/6 uncijos/1½ puodeliai savaime kylančių (savaime kylančių) miltų

5 ml/1 arbatinis šaukštelis kepimo miltelių

5 ml/1 šaukštelis maltų mišrių (obuolių pyrago) prieskonių

1 apelsino sultys ir tarkuota žievelė

2 kiaušiniai, sumušti

75 g/3 uncijos/1/2 puodelio šviesaus muskovado cukraus

100 ml / 3 1/2 fl uncijos / nedaug 1/2 puodelio saulėgrąžų aliejaus

Sumaišykite visus ingredientus, kol gerai susimaišys. Šaukštu sudėkite į riebalais išteptą ir 20 cm/8 storio išklotą torto formą ir kepkite iki 180°C įkaitintoje orkaitėje 1 valandą, kol į centrą įsmeigtas iešmas išeis švarus.

Morkų ir obuolių pyragas

Padaro vieną 23 cm/9 tortą

250 g/9 uncijos/2¼ puodeliai savaime kylančių (savaime kylančių) miltų

5 ml/1 arbatinis šaukštelis sodos bikarbonatas (kepimo soda)

5 ml/1 šaukštelis malto cinamono

175 g/6 uncijos/¾ puodelio minkšto rudojo cukraus

Smulkiai tarkuota 1 apelsino žievelė

3 kiaušiniai

200 ml / 7 fl oz / nedaug 1 puodelis aliejaus

150 g/5 oz valgomųjų (desertinių) obuolių, nuluptų, išsmeigtų ir sutarkuotų

150 g/5 uncijos morkų, sutarkuotų

100 g/4 uncijos/2/3 puodelio paruoštų valgyti džiovintų abrikosų, susmulkintų

100 g / 4 uncijos / 1 puodelis pekano riešutų arba graikinių riešutų, susmulkintų

Sumaišykite miltus, sodos bikarbonatą ir cinamoną, tada įmaišykite cukrų ir apelsino žievelę. Įmuškite kiaušinius į aliejų, tada įmaišykite obuolį, morkas ir du trečdalius abrikosų bei riešutų. Supilkite miltų mišinį ir šaukštu sukrėskite į riebalais išteptą ir 23 cm/9 storio torto formą. Pabarstykite likusiais smulkintais abrikosais ir riešutais. Kepkite iki 180°C įkaitintoje orkaitėje 30 minučių, kol taps elastinga. Palikite šiek tiek atvėsti skardoje, tada išverskite ant grotelių, kad baigtumėte atvėsti.

Morkų ir cinamono pyragas

Padaro vieną 20 cm/8 tortą

100 g/4 uncijos/1 puodelis pilno grūdo (viso grūdo) miltų

100 g/4 uncijos/1 puodelis paprastų (universalių) miltų

15 ml/1 valgomasis šaukštas malto cinamono

5 ml/1 šaukštelis tarkuoto muskato riešuto

10 ml/2 šaukštelio kepimo miltelių

100 g/4 uncijos/½ puodelio sviesto arba margarino

100 g / 4 uncijos / 1/3 puodelio skaidraus medaus

100 g/4 uncijos/½ puodelio minkšto rudojo cukraus

225 g / 8 uncijos morkos, sutarkuotos

Dubenyje sumaišykite miltus, cinamoną, muskato riešutą ir kepimo miltelius. Sviestą arba margariną ištirpinkite su medumi ir cukrumi, tada įmaišykite į miltus. Įmaišykite morkas ir gerai išmaišykite. Šaukštu sudėkite į riebalais išteptą ir 20 cm/8 išklotą torto formą (keptą) ir kepkite iki 160°C įkaitintoje orkaitėje 1 valandą, kol į centrą įsmeigtas iešmas išeis švarus. Palikite 10 minučių atvėsti skardoje, tada išverskite ant grotelių, kad baigtumėte atvėsti.

Morkų ir cukinijų pyragas

Padaro vieną 23 cm/9 tortą

2 kiaušiniai

175 g/6 uncijos/¾ puodelio minkšto rudojo cukraus

100 g/4 uncijos morkų, tarkuotų

50 g/2 uncijos cukinijų (cukinijų), tarkuotų

75 ml/5 šaukštai aliejaus

225 g/8 uncijos/2 puodeliai savaime kylančių (savaime kylančių) miltų

2,5 ml/½ šaukštelio kepimo miltelių

5 ml/1 šaukštelis maltų mišrių (obuolių pyrago) prieskonių

Grietinėlės sūrio glajus

Sumaišykite kiaušinius, cukrų, morkas, cukinijas ir aliejų. Suberkite miltus, kepimo miltelius ir sumaišytus prieskonius ir išmaišykite iki vientisos tešlos. Šaukštu sudėkite į riebalais išteptą ir išklotą 23 cm/9 skersmens torto formą ir kepkite iki 180°C įkaitintoje orkaitėje 30 minučių, kol į centrą įsmeigtas iešmas išeis švarus. Palikite atvėsti, tada aptepkite grietinėlės sūrio glajumi.

Morkų ir imbiero pyragas

Padaro vieną 20 cm/8 tortą

175 g/6 uncijos/2/3 puodelio sviesto arba margarino

100 g/4 uncijos/1/3 puodelio auksinio (šviesaus kukurūzų) sirupo

120 ml / 4 fl uncijos / ½ puodelio vandens

100 g/4 uncijos/½ puodelio minkšto rudojo cukraus

150 g/5 uncijos morkų, stambiai sutarkuotų

5 ml/1 arbatinis šaukštelis sodos bikarbonatas (kepimo soda)

200 g/7 uncijos/1¾ puodeliai paprastų (universalių) miltų

100 g/4 uncijos/1 puodelis savaime kylančių (savaime kylančių) miltų

5 ml/1 šaukštelis malto imbiero

Žiupsnelis druskos

Glajui (glaistui):

175 g / 6 uncijos / 1 puodelis cukraus pudros (konditerių), išsijotas

5 ml/1 šaukštelis sviesto arba margarino, suminkštintas

30 ml/2 šaukštai citrinos sulčių

Sviestą arba margariną ištirpinkite su sirupu, vandeniu ir cukrumi, tada užvirinkite. Nukelkite nuo ugnies ir įmaišykite morkas bei sodos bikarbonatą. Palikite atvėsti. Sumaišykite miltus, imbierą ir druską, šaukštu supilkite į riebalais išteptą 20 cm/8 skersmens torto formą ir kepkite iki 180°C įkaitintoje orkaitėje 45 minutes, kol gražiai pakils ir taps elastinga. prisilietimas. Išverčiame ir paliekame atvėsti.

Cukraus pudrą sumaišykite su sviestu arba margarinu ir tiek citrinos sulčių, kad susidarytų tepamas glajus. Perpjaukite pyragą per pusę horizontaliai, tada naudokite pusę glajaus, kad pyragą sumuštumėte, o likusią dalį užtepkite ant viršaus.

Morkų ir riešutų pyragas

Padaro vieną 18 cm/7 tortą

2 dideli kiaušiniai, atskirti

150 g / 5 uncijos / 2/3 puodelio smulkaus (labai smulkaus) cukraus

225 g / 8 uncijos morkos, sutarkuotos

150 g/5 uncijos/1¼ puodeliai kapotų sumaišytų riešutų

10 ml/2 šaukštelio tarkuotos citrinos žievelės

50 g/2 uncijos/½ puodelio paprastų (universalių) miltų

2,5 ml/½ šaukštelio kepimo miltelių

Kiaušinių trynius ir cukrų išplakti iki tirštos ir kreminės masės. Įmaišykite morkas, riešutus ir citrinos žievelę, tada suberkite miltus ir kepimo miltelius. Kiaušinių baltymus išplakite iki minkštų putų, tada įmaišykite į masę. Pasukite į riebalais išteptą 19 cm/7 kvadratinę torto formą. Kepkite iki 180 °C įkaitintoje orkaitėje 40–45 minutes, kol į vidurį įsmeigtas iešmas bus švarus.

Morkų, apelsinų ir riešutų pyragas

Padaro vieną 20 cm/8 tortą

100 g/4 uncijos/½ puodelio sviesto arba margarino, suminkštinto

100 g/4 uncijos/½ puodelio minkšto rudojo cukraus

5 ml/1 šaukštelis malto cinamono

5 ml/1 arbatinis šaukštelis tarkuotos apelsino žievelės

2 kiaušiniai, lengvai paplakti

15 ml/1 valgomasis šaukštas apelsinų sulčių

100 g/4 uncijos morkų, smulkiai sutarkuotų

50 g/2 uncijos/½ puodelio kapotų sumaišytų riešutų

225 g/8 uncijos/2 puodeliai savaime kylančių (savaime kylančių) miltų

5 ml/1 arbatinis šaukštelis kepimo miltelių

Sviestą arba margariną, cukrų, cinamoną ir apelsino žievelę sutrinkite iki šviesios ir purios masės. Palaipsniui įmuškite kiaušinius ir apelsinų sultis, tada įmaišykite morkas, riešutus, miltus ir kepimo miltelius. Šaukštu dėkite į riebalais išteptą ir 20 cm/8 skersmens torto formą (keptą) ir kepkite iki 180°C/350°F/dujų žymė 4 įkaitintoje orkaitėje 45 minutes, kol taps elastinga.

Morkų, ananasų ir kokosų pyragas

Padaro vieną 25 cm/10 tortą

3 kiaušiniai

350 g / 12 uncijos / 1½ puodeliai pudros (labai smulkaus) cukraus

300 ml/½ pt/1¼ puodelio aliejaus

5 ml/1 šaukštelis vanilės esencijos (ekstraktas)

225 g/8 uncijos/2 puodeliai paprastų (universalių) miltų

5 ml/1 arbatinis šaukštelis sodos bikarbonatas (kepimo soda)

10 ml/2 šaukštelio malto cinamono

5 ml/1 šaukštelis druskos

225 g / 8 uncijos morkos, sutarkuotos

100 g/4 uncijos konservuotų ananasų, nusausintų ir susmulkintų

100 g/4 uncijos/1 puodelis džiovinto (susmulkinto) kokoso

100 g / 4 uncijos / 1 puodelis kapotų sumaišytų riešutų

Cukraus pudra (konditerinis), išsijotas, pabarstymui

Suplakite kiaušinius, cukrų, aliejų ir vanilės esenciją. Sumaišykite miltus, sodos bikarbonatą, cinamoną ir druską ir palaipsniui įmaišykite į masę. Supilkite morkas, ananasus, kokosus ir riešutus. Šaukštu supilkite į riebalais išteptą ir miltais pabarstytą 25 cm/10 storio torto formą ir kepkite iki 160°C įkaitintoje orkaitėje 1¼ valandos, kol į centrą įsmeigtas iešmas išeis švarus. Palikite 10 minučių atvėsti skardoje, prieš iškeldami ant grotelių, kad baigtumėte atvėsti. Prieš patiekdami apibarstykite cukraus pudra.

Morkų ir pistacijų pyragas

Padaro vieną 23 cm/9 tortą

100 g/4 uncijos/½ puodelio sviesto arba margarino, suminkštinto

100 g/4 uncijos/½ puodelio smulkaus (labai smulkaus) cukraus

2 kiaušiniai

225 g/8 uncijos/2 puodeliai paprastų (universalių) miltų

5 ml/1 arbatinis šaukštelis sodos bikarbonatas (kepimo soda)

5 ml/1 šaukštelis malto kardamono

225 g / 8 uncijos morkos, sutarkuotos

50 g/2 uncijos/½ puodelio pistacijų riešutų, susmulkintų

50 g/2 uncijos/½ puodelio maltų migdolų

100 g/4 uncijos/2/3 puodelio sultonų (auksinių razinų)

Sumaišykite sviestą arba margariną ir cukrų iki šviesios ir purios masės. Palaipsniui įmuškite kiaušinius, kiekvieną kartą gerai išplakite, tada įmaišykite miltus, sodos bikarbonatą ir kardamoną. Įmaišykite morkas, riešutus, maltus migdolus ir razinas. Šaukštu supilkite mišinį į riebalais išteptą ir 23 cm/9 skersmens torto formą ir kepkite iki 180°C įkaitintoje orkaitėje 40 minučių, kol gražiai iškils, taps auksinės spalvos ir taps elastinga liesti.

Morkų ir riešutų pyragas

Padaro vieną 23 cm/9 tortą

200 ml / 7 fl oz / nedaug 1 puodelis aliejaus

4 kiaušiniai

225 g/8 uncijos/2/3 puodelio skaidraus medaus

225 g/8 uncijos/2 puodeliai pilno grūdo (viso grūdo) miltų

10 ml/2 šaukštelio kepimo miltelių

2,5 ml/½ šaukštelio sodos bikarbonato (kepimo soda)

Žiupsnelis druskos

5 ml/1 šaukštelis vanilės esencijos (ekstraktas)

175 g/6 uncijos morkų, stambiai sutarkuotų

175 g/6 uncijos/1 puodelis razinų

100 g/4 uncijos/1 puodelis graikinių riešutų, smulkiai pjaustytų

Sumaišykite aliejų, kiaušinius ir medų. Palaipsniui sumaišykite visus likusius ingredientus ir plakite, kol gerai susimaišys. Sudėkite į riebalais išteptą ir miltais pabarstytą 23 cm skersmens 23 cm skersmens torto formą ir kepkite iki 180°C įkaitintoje orkaitėje 1 valandą, kol į centrą įsmeigtas iešmas išeis švarus.

Prieskonių morkų pyragas

Padaro vieną 18 cm/7 tortą

175 g/6 uncijos/1 puodelis datulių

120 ml / 4 fl uncijos / ½ puodelio vandens

175 g/6 uncijos/¾ puodelio sviesto arba margarino, suminkštinto

2 kiaušiniai, lengvai paplakti

225 g/8 uncijos/2 puodeliai savaime kylančių (savaime kylančių) miltų

175 g/6 uncijos morkų, smulkiai sutarkuotų

25 g/1 oz/¼ puodelio maltų migdolų

Nutarkuota 1 apelsino žievelė

2,5 ml/½ šaukštelio maltų mišrių (obuolių pyrago) prieskonių

2,5 ml/½ šaukštelio malto cinamono

2,5 ml/½ šaukštelio malto imbiero

Glajui (glaistui):

350 g/12 uncijos/1½ puodelio varškės

25 g/1 uncijos/2 šaukštai sviesto arba margarino, suminkštinto

Nutarkuota 1 apelsino žievelė

Į nedidelę keptuvę sudėkite datules ir vandenį, užvirkite, tada virkite 10 minučių, kol suminkštės. Išimkite ir išmeskite kauliukus (kauliukus), tada datules smulkiai supjaustykite. Sumaišykite datules ir skystį, sviestą arba margariną ir kiaušinius iki kreminės masės. Supilkite visus likusius pyrago ingredientus. Šaukštu supilkite mišinį į riebalais išteptą ir 18 cm/7 storio torto formą ir kepkite iki 180°C įkaitintoje orkaitėje 1 valandą, kol į centrą įsmeigtas iešmas bus švarus. Palikite 10 minučių atvėsti skardoje, prieš iškeldami ant grotelių, kad baigtumėte atvėsti.

Norėdami paruošti glajų, sumaišykite visus ingredientus iki vientisos konsistencijos, jei reikia, įpilkite šiek tiek apelsinų sulčių arba vandens. Tortą perpjaukite per pusę horizontaliai, sluoksnius sudėkite su puse glajaus, o likusią dalį paskleiskite ant viršaus.

Morkų ir rudojo cukraus pyragas

Padaro vieną 18 cm/7 tortą

5 kiaušiniai, atskirti

200 g / 7 uncijos / nedaug 1 puodelis minkšto rudojo cukraus

15 ml/1 valgomasis šaukštas citrinos sulčių

300 g/10 uncijų morkų, tarkuotų

225 g/8 uncijos/2 puodeliai maltų migdolų

25 g/1 oz/¼ puodelio pilno grūdo (viso grūdo) miltų

5 ml/1 šaukštelis malto cinamono

25 g / 1 uncijos / 2 šaukštai sviesto arba margarino, lydytas

25 g/1 uncijos/2 šaukštai smulkaus (labai smulkaus) cukraus

30 ml/2 šaukštai vienos (lengvos) grietinėlės

75 g/3 uncijos/¾ puodelio kapotų sumaišytų riešutų

Kiaušinių trynius išplakite iki putų, supilkite cukrų iki vientisos masės, tada supilkite citrinos sultis. Įmaišykite trečdalį morkų, tada trečdalį migdolų ir taip toliau, kol visos susimaišys. Įmaišykite miltus ir cinamoną. Kiaušinių baltymus išplakti iki standžių putų, tada metaliniu šaukštu įmaišyti į masę. Sudėkite į riebalais išteptą ir išklotą 18 cm/7 gylio torto formą (keptą) ir kepkite iki 180°C/350°F/dujų žymeklio 4 įkaitintoje orkaitėje 1 valandą. Laisvai uždenkite pyragą riebalams atspariu (vaškuotu) popieriumi ir sumažinkite orkaitės temperatūrą iki 160°C/325°F/dujų žymė 3 dar 15 minučių arba tol, kol pyragas šiek tiek susitrauks nuo formos kraštų, o centras vis dar bus drėgnas. . Palikite pyragą formoje, kol tik sušils, tada išverskite, kad baigtų atvėsti.

Sumaišykite ištirpintą sviestą arba margariną, cukrų, grietinėlę ir riešutus, užpilkite ant pyrago ir kepkite ant vidutinės kepsninės (broilerio), kol taps auksinės rudos spalvos.

Cukinijų ir čiulpų pyragas

Padaro vieną 20 cm/8 tortą

225 g / 8 uncijos / 1 puodelis smulkaus (labai smulkaus) cukraus

2 kiaušiniai, sumušti

120 ml/4 fl uncijos/½ puodelio aliejaus

100 g/4 uncijos/1 puodelis paprastų (universalių) miltų

5 ml/1 arbatinis šaukštelis kepimo miltelių

2,5 ml/½ šaukštelio sodos bikarbonato (kepimo soda)

2,5 ml / ½ šaukštelio druskos

100 g/4 uncijos cukinijų (cukinijų), tarkuotų

100 g / 4 uncijos susmulkintų ananasų

50 g / 2 uncijos / ½ puodelio graikinių riešutų, susmulkintų

5 ml/1 šaukštelis vanilės esencijos (ekstraktas)

Suplakite cukrų ir kiaušinius iki vientisos masės ir gerai išplakite. Supilkite aliejų, o tada sausus ingredientus. Įmaišykite cukinijas, ananasus, graikinius riešutus ir vanilės esenciją. Šaukštu sudėkite į riebalais išteptą ir miltais pabarstytą 20 cm/8 skersmens torto formą (keptą) ir kepkite iki 180°C/350°F/dujų žymeklio 4 įkaitintoje orkaitėje 1 valandą, kol į centrą įsmeigtas iešmas išeis švarus. Palikite 30 minučių atvėsti skardoje, prieš iškeldami ant grotelių, kad baigtumėte atvėsti.

Cukinijos ir apelsinų pyragas

Padaro vieną 25 cm/10 tortą

225 g/8 uncijos/1 puodelis sviesto arba margarino, suminkštinto

450 g / 1 svaras / 2 puodeliai minkšto rudojo cukraus

4 kiaušiniai, lengvai paplakti

275 g / 10 uncijos / 2½ puodeliai paprastų (universalių) miltų

15 ml/1 valgomasis šaukštas kepimo miltelių

2,5 ml / ½ šaukštelio druskos

5 ml/1 šaukštelis malto cinamono

2,5 ml/½ šaukštelio tarkuoto muskato riešuto

Žiupsnelis maltų gvazdikėlių

Nutarkuota žievelė ir 1 apelsino sultys

225 g / 8 uncijos / 2 puodeliai cukinijų (cukinijų), tarkuotų

Sumaišykite sviestą arba margariną ir cukrų iki šviesios ir purios masės. Pamažu įmuškite kiaušinius, tada pakaitomis su apelsino žievele ir sultimis įmaišykite miltus, kepimo miltelius, druską ir prieskonius. Įmaišykite cukinijas. Šaukštu dėkite į riebalais išteptą ir 25 cm/10 išklotą pyrago formą (kepimo formą) ir kepkite iki 180°C/350°F/dujų žymė 4 įkaitintoje orkaitėje 1 valandą, kol taps auksinės rudos spalvos ir taps elastinga liesti. Jei kepimo pabaigoje viršus pradeda per daug ruduoti, uždenkite riebalams atspariu (vaškuotu) popieriumi.

Cukinijos pyragas su prieskoniais

Padaro vieną 25 cm/10 tortą

350 g/12 uncijų/3 puodeliai paprastų (universalių) miltų

10 ml/2 šaukštelio kepimo miltelių

7,5 ml/1½ šaukštelio malto cinamono

5 ml/1 arbatinis šaukštelis sodos bikarbonatas (kepimo soda)

2,5 ml / ½ šaukštelio druskos

8 kiaušinių baltymai

450 g / 1 svaras / 2 puodeliai smulkaus (labai smulkaus) cukraus

100 g / 4 uncijos / 1 puodelis obuolių tyrės (padažas)

120 ml / 4 fl uncijos / ½ puodelio pasukų

15 ml/1 valgomasis šaukštas vanilės esencijos (ekstraktas)

5 ml/1 arbatinis šaukštelis smulkiai tarkuotos apelsino žievelės

350 g / 12 uncijos / 3 puodeliai cukinijų (cukinijų), tarkuotų

75 g/3 uncijos/¾ puodelio graikinių riešutų, susmulkintų

Užpilui:

100 g / 4 uncijos / ½ puodelio grietinėlės sūrio

25 g/1 uncijos/2 šaukštai sviesto arba margarino, suminkštinto

5 ml/1 arbatinis šaukštelis smulkiai tarkuotos apelsino žievelės

10 ml/2 šaukštelio apelsinų sulčių

350 g / 12 uncijos / 2 puodeliai cukraus pudros (konditerių), išsijotas

Sumaišykite sausus ingredientus. Plakite kiaušinių baltymus, kol susidarys minkštos smailės. Lėtai supilkite cukrų, tada obuolių tyrę, pasukas, vanilės esenciją ir apelsino žievelę. Supilkite miltų mišinį, tada cukinijas ir graikinius riešutus. Šaukštu sudėkite į riebalais išteptą ir miltais pabarstytą 25 cm/10 storio torto formą (keptą) ir kepkite iki 150°C/300°F/dujinės žymos 2 įkaitintoje orkaitėje 1 valandą, kol į centrą įsmeigtas iešmas išeis švarus. Palikite atvėsti skardoje.

Visus užpilo ingredientus išplakite iki vientisos masės, įberkite tiek cukraus, kad susidarytų tepamos konsistencijos. Tepkite ant atvėsusio pyrago.

Moliūgų pyragas

Padaro vieną 23 x 33 cm/9 x 13 tortą

450 g / 1 svaras / 2 puodeliai smulkaus (labai smulkaus) cukraus

4 kiaušiniai, sumušti

375 ml/13 fl oz/1½ puodelio aliejaus

350 g/12 uncijų/3 puodeliai paprastų (universalių) miltų

15 ml/1 valgomasis šaukštas kepimo miltelių

10 ml/2 šaukštelis sodos bikarbonato (kepimo soda)

10 ml/2 šaukštelio malto cinamono

2,5 ml/½ šaukštelio malto imbiero

Žiupsnelis druskos

225 g / 8 uncijos kubeliais pjaustytas virtas moliūgas

100 g / 4 uncijos / 1 puodelis graikinių riešutų, susmulkintų

Suplakite cukrų ir kiaušinius iki vientisos masės, tada įmaišykite aliejų. Įmaišykite likusius ingredientus. Šaukštu dėkite į riebalais išteptą ir miltais pabarstytą 23 x 33 cm/ 9 x 13 kepimo formą ir kepkite iki 180°C/350°F/dujinė žyma 4 įkaitintoje orkaitėje 1 valandą, kol išlįs į vidurį įsmeigtas iešmas. švarus.

Vaisinis moliūgų pyragas

Padaro vieną 20 cm/8 tortą

100 g/4 uncijos/½ puodelio sviesto arba margarino, suminkštinto

150 g / 5 uncijos / 2/3 puodelio minkšto rudojo cukraus

2 kiaušiniai, lengvai paplakti

225 g/8 uncijos šaltai virtas moliūgas

30 ml/2 šaukštai auksinio (šviesaus kukurūzų) sirupo

225 g/8 uncijos 1/1/3 puodelių džiovintų mišrių vaisių (vaisių pyrago mišinys)

225 g/8 uncijos/2 puodeliai savaime kylančių (savaime kylančių) miltų

50 g/2 uncijos/½ puodelio sėlenų

Sumaišykite sviestą arba margariną ir cukrų iki šviesios ir purios masės. Palaipsniui įmuškite kiaušinius, tada įmaišykite likusius ingredientus. Šaukštu sudėkite į riebalais išteptą ir 20 cm/8 skersmens išklotą torto formą ir kepkite iki 160°C įkaitintoje orkaitėje 1¼ valandos, kol į centrą įsmeigtas iešmas išeis švarus.

Prieskonių moliūgų vyniotinis

Padaro vieną 30 cm/12 ruloną

75 g/3 uncijos/¾ puodelio paprastų (universalių) miltų

5 ml/1 arbatinis šaukštelis sodos bikarbonatas (kepimo soda)

5 ml/1 šaukštelis malto imbiero

2,5 ml/½ šaukštelio tarkuoto muskato riešuto

10 ml/2 šaukštelio malto cinamono

Žiupsnelis druskos

1 kiaušinis

225 g / 8 uncijos / 1 puodelis smulkaus (labai smulkaus) cukraus

100 g / 4 uncijos virto moliūgo, supjaustyto kubeliais

5 ml/1 arbatinis šaukštelis citrinos sulčių

4 kiaušinių baltymai

50 g / 2 uncijos / ½ puodelio graikinių riešutų, susmulkintų

50 g/2 uncijos/1/3 puodelio cukraus pudros (konditerių), išsijotas

Įdarui:

175 g / 6 uncijos / 1 puodelis cukraus pudros (konditerių), išsijotas

100 g / 4 uncijos / ½ puodelio grietinėlės sūrio

2,5 ml/½ šaukštelio vanilės esencijos (ekstraktas)

Sumaišykite miltus, sodos bikarbonatą, prieskonius ir druską. Kiaušinį išplakite iki tirštos ir šviesios masės, tada plakite cukrų, kol masė taps blyški ir kreminė. Įmaišykite moliūgą ir citrinos sultis. Supilkite miltų mišinį. Švariame dubenyje iki standžių putų išplakite kiaušinių baltymus. Supilkite į pyrago mišinį ir paskleiskite į riebalais išteptą ir 30 x 12 cm/12 x 8 išklotą šveicarišką ritininę skardą (želė vyniojimo formą), o viršų pabarstykite graikiniais riešutais. Kepkite iki 190°C įkaitintoje orkaitėje 10 minučių, kol taps elastinga. Išsijokite cukraus pudrą ant švaraus rankšluosčio (indų rankšluosčio) ir apverskite pyragą ant rankšluosčio. Nuimkite pamušalo popierių ir susukite pyragą bei rankšluostį, tada palikite atvėsti.

Norėdami pagaminti įdarą, palaipsniui sumaišykite cukrų su kreminiu sūriu ir vanilės esencija, kol gausite tepamą mišinį. Išvyniokite pyragą ir aptepkite jo viršų įdaru. Tortą dar kartą susukite ir prieš patiekdami atvėsinkite, pabarstę dar trupučiu cukraus pudros.

Rabarbarų ir medaus pyragas

Padaro du 450 g/1 svaro pyragaičius

250 g / 9 uncijos / ¾ puodelio skaidraus medaus

100 ml/4 fl uncijos/½ puodelio aliejaus

1 kiaušinis

5 ml/1 arbatinis šaukštelis sodos bikarbonatas (kepimo soda)

60 ml / 4 šaukštai vandens

350 g/12 uncijų/3 puodeliai pilno grūdo (viso grūdo) miltų

10 ml/2 šaukštelio druskos

350 g/12 uncijų rabarbarų, smulkiai pjaustytų

5 ml/1 šaukštelis vanilės esencijos (ekstraktas)

50 g / 2 uncijos / ½ puodelio kapotų sumaišytų riešutų (nebūtina)

Užpilui:

75 g/3 uncijos/1/3 puodelio muskovado cukraus

5 ml/1 šaukštelis malto cinamono

15 g/½ uncijos/1 valgomasis šaukštas sviesto arba margarino, suminkštinto

Sumaišykite medų ir aliejų. Įmuškite kiaušinį ir gerai išplakite. Į vandenį įpilkite sodos bikarbonato ir palikite ištirpti. Sumaišykite miltus ir druską. Į medaus mišinį įpilkite pakaitomis su sodos bikarbonato mišiniu. Jei naudojate, įmaišykite rabarbarus, vanilės esenciją ir riešutus. Supilkite į dvi riebalais išteptas 450 g/1 svaro kepalų formeles (ketuves). Sumaišykite užpildo ingredientus ir paskleiskite ant pyrago mišinio. Kepkite iki 180°C įkaitintoje orkaitėje 1 valandą, kol taps elastinga.

Saldžiųjų bulvių pyragas

Padaro vieną 23 cm/9 tortą

300 g / 11 uncijos / 2¾ puodeliai paprastų (universalių) miltų

15 ml/1 valgomasis šaukštas kepimo miltelių

5 ml/1 šaukštelis malto cinamono

5 ml/1 šaukštelis tarkuoto muskato riešuto

Žiupsnelis druskos

350 g / 12 uncijos / 1¾ puodeliai pudros (labai smulkaus) cukraus

375 ml/13 fl oz/1½ puodelio aliejaus

60 ml/4 šaukštai virinto vandens

4 kiaušiniai, atskirti

225 g/8 uncijos saldžiųjų bulvių, nuluptų ir stambiai sutarkuotų

100 g / 4 uncijos / 1 puodelis kapotų sumaišytų riešutų

5 ml/1 šaukštelis vanilės esencijos (ekstraktas)

       Glajui (glaistui):
225 g/8 uncijos/11/3 stiklinės cukraus pudros (konditerių), išsijotas

50 g/2 uncijos/¼ puodelio sviesto arba margarino, suminkštinto

250 g/9 uncijos/1 vidutinio dydžio grietinėlės sūris

50 g/2 uncijos/½ puodelio kapotų sumaišytų riešutų

Žiupsnelis malto cinamono pabarstymui

Sumaišykite miltus, kepimo miltelius, cinamoną, muskato riešutą ir druską. Sumaišykite cukrų ir aliejų, tada supilkite verdantį vandenį ir plakite, kol gerai susimaišys. Sudėkite kiaušinių trynius ir miltų mišinį ir maišykite, kol gerai susimaišys. Įmaišykite saldžiąsias bulves, riešutus ir vanilės esenciją. Kiaušinių baltymus išplakite iki standžių putų, tada įmaišykite į masę. Šaukštu supilkite į dvi riebalais išteptas ir miltais pabarstytas 23 cm/9 skersmens kepimo formas ir kepkite iki 180°C įkaitintoje orkaitėje 40 minučių, kol taps elastingos. Palikite 5 minutes atvėsti skardinėse, tada išverskite ant grotelių, kad baigtumėte atvėsti.

Sumaišykite cukraus pudrą, sviestą arba margariną ir pusę kreminio sūrio. Vieną pyragą aptepkite puse likusio kreminio sūrio, tada sūrį aptepkite glajumi. Sudėkite pyragus kartu. Ant viršaus užtepkite likusį kreminį sūrį ir prieš patiekdami pabarstykite riešutais ir cinamonu.

Itališkas migdolų pyragas

Padaro vieną 20 cm/8 tortą

1 kiaušinis

150 ml / ¼ pt / 2/3 puodelio pieno

2,5 ml/½ šaukštelio migdolų esencijos (ekstraktas)

45 ml/3 šaukštai sviesto, lydytas

350 g/12 uncijų/3 puodeliai paprastų (universalių) miltų

100 g/4 uncijos/½ puodelio smulkaus (labai smulkaus) cukraus

10 ml/2 šaukštelio kepimo miltelių

2,5 ml / ½ šaukštelio druskos

1 kiaušinio baltymas

100 g / 4 uncijos / 1 puodelis migdolų, susmulkintų

Į dubenį įmuškite kiaušinį, tada palaipsniui plakdami supilkite pieną, migdolų esenciją ir lydytą sviestą. Suberkite miltus, cukrų, kepimo miltelius ir druską ir toliau maišykite iki vientisos masės. Šaukštu dėkite į riebalais išteptą ir išklotą 20 cm/8 torto formą. Kiaušinio baltymą išplakite iki putų, tada gausiai aptepkite pyrago viršų ir pabarstykite migdolais. Kepkite iki 220 °C įkaitintoje orkaitėje 25 minutes, kol taps auksinės rudos spalvos ir taps elastingos liesti.

Migdolų ir kavos tortas

Padaro vieną 23 cm/9 tortą

8 kiaušiniai, atskirti

175 g / 6 uncijos / ¾ puodelio smulkaus (labai smulkaus) cukraus

60 ml/4 šaukštai stiprios juodos kavos

175 g/6 uncijos/1½ puodelio maltų migdolų

45 ml/3 šaukštai manų kruopų (kviečių grietinėlės)

100 g/4 uncijos/1 puodelis paprastų (universalių) miltų

Kiaušinių trynius ir cukrų išplakti iki labai tirštos ir kreminės masės. Sudėkite kavą, maltus migdolus ir manų kruopas ir gerai išplakite. Supilkite miltus. Kiaušinių baltymus išplakite iki standžių putų, tada įmaišykite į masę. Šaukštu dėkite į riebalais išteptą 23 cm/9 skersmens torto formą (kepimo formą) ir kepkite iki 180°C/350°F/dujų žymė 4 įkaitintoje orkaitėje 45 minutes, kol taps elastinga.

Migdolų ir medaus pyragas

Padaro vieną 20 cm/8 tortą

225 g / 8 uncijos morkos, sutarkuotos

75 g / 3 uncijos / ¾ puodelio migdolų, susmulkintų

2 kiaušiniai, sumušti

100 ml / 4 fl uncijos / ½ puodelio skaidraus medaus

60 ml/4 šaukštai aliejaus

150 ml / ¼ pt / 2/3 puodelio pieno

150 g/5 uncijos/1¼ puodeliai pilno grūdo miltų

10 ml/2 šaukštelio druskos

10 ml/2 šaukštelis sodos bikarbonato (kepimo soda)

15 ml/1 valgomasis šaukštas malto cinamono

Sumaišykite morkas ir riešutus. Kiaušinius išplakite su medumi, aliejumi ir pienu, tada įmaišykite į morkų mišinį. Sumaišykite miltus, druską, sodos bikarbonatą ir cinamoną ir įmaišykite į morkų mišinį. Supilkite mišinį į riebalais išteptą ir išklotą 20 cm/8 kvadratinę torto formą ir kepkite įkaitintoje orkaitėje iki 150°C/300°F/dujinė žyma 2 1¾ valandos, kol į vidurį įkištas iešmas išeis švarus. . Prieš išversdami, palikite 10 minučių atvėsti skardoje.

Migdolų ir citrinų pyragas

Padaro vieną 23 cm/9 tortą

25 g/1 oz/¼ puodelio susmulkintų (smulkintų) migdolų

100 g/4 uncijos/½ puodelio sviesto arba margarino, suminkštinto

100 g/4 uncijos/½ puodelio minkšto rudojo cukraus

2 kiaušiniai, sumušti

100 g/4 uncijos/1 puodelis savaime kylančių (savaime kylančių) miltų

Nutarkuota 1 citrinos žievelė

Sirupui:
75 g/3 uncijos/1/3 puodelio smulkaus (labai smulkaus) cukraus

45–60 ml/3–4 šaukštai citrinos sulčių

Ištepkite riebalais ir išklokite 23 cm/9 skersmens torto formą, o pagrindą pabarstykite migdolais. Sumaišykite sviestą ir rudąjį cukrų. Po vieną įmuškite kiaušinius, tada įmaišykite miltus ir citrinos žievelę. Šaukštu supilkite į paruoštą skardą ir išlyginkite paviršių. Kepkite iki 180°C įkaitintoje orkaitėje 20–25 minutes, kol gražiai iškils ir taps elastinga liesti.

Tuo tarpu keptuvėje, retkarčiais pamaišydami, įkaitinkite cukraus pudrą ir citrinos sultis, kol cukrus ištirps. Išimkite pyragą iš orkaitės ir palikite atvėsti 2 minutes, tada iškelkite ant grotelių, kurių pagrindas yra viršuje. Šaukštu užpilkite sirupo, tada palikite visiškai atvėsti.

Migdolų pyragas su apelsinu

Padaro vieną 20 cm/8 tortą

225 g/8 uncijos/1 puodelis sviesto arba margarino, suminkštinto

225 g / 8 uncijos / 1 puodelis smulkaus (labai smulkaus) cukraus

4 kiaušiniai, atskirti

225 g/8 uncijos/2 puodeliai paprastų (universalių) miltų

10 ml/2 šaukštelio kepimo miltelių

50 g/2 uncijos/½ puodelio maltų migdolų

5 ml/1 arbatinis šaukštelis tarkuotos apelsino žievelės

Sumaišykite sviestą arba margariną ir cukrų iki šviesios ir purios masės. Įmuškite kiaušinių trynius, tada įmaišykite miltus, kepimo miltelius, maltus migdolus ir apelsino žievelę. Kiaušinių baltymus išplakti iki standžių putų, tada metaliniu šaukštu įmaišyti į masę. Šaukštu sudėkite į riebalais išteptą ir 20 cm/8 storio išklotą torto formą ir kepkite iki 180°C įkaitintoje orkaitėje 1 valandą, kol į centrą įsmeigtas iešmas išeis švarus.

Turtingas migdolų pyragas

Padaro vieną 18 cm/7 tortą

100 g/4 uncijos/½ puodelio sviesto arba margarino, suminkštinto

150 g / 5 uncijos / 2/3 puodelio smulkaus (labai smulkaus) cukraus

3 kiaušiniai, lengvai paplakti

75 g/3 uncijos/¾ puodelio maltų migdolų

50 g/2 uncijos/½ puodelio paprastų (universalių) miltų

Keli lašai migdolų esencijos (ekstrakto)

Sumaišykite sviestą arba margariną ir cukrų iki šviesios ir purios masės. Palaipsniui įmuškite kiaušinius, tada įmaišykite maltus migdolus, miltus ir migdolų esenciją. Šaukštu supilkite į riebalais išteptą ir 18 cm/7 storio torto formą (keptą) ir kepkite iki 180°C įkaitintoje orkaitėje 45 minutes, kol taps elastinga.

Švediškas makaronų pyragas

Padaro vieną 23 cm/9 tortą

100 g/4 uncijos/1 puodelis maltų migdolų

75 g / 3 uncijos / 1/3 puodelio granuliuoto cukraus

5 ml/1 arbatinis šaukštelis kepimo miltelių

2 dideli kiaušinių baltymai, išplakti

Sumaišykite migdolus, cukrų ir kepimo miltelius. Įmaišykite kiaušinių baltymus, kol masė taps tiršta ir vientisa. Šaukštu sudėkite į riebalais išteptą ir 23 cm/9 storio sumuštinių skardą ir kepkite iki 160°C įkaitintoje orkaitėje 3 20–25 minutes, kol pakils ir taps auksinės spalvos. Labai atsargiai išimkite iš formos, nes pyragas yra trapus.

Kokoso kepalas

Padaro vieną 450 g/1 svaro kepalą

100 g/4 uncijos/1 puodelis savaime kylančių (savaime kylančių) miltų

225 g / 8 uncijos / 1 puodelis smulkaus (labai smulkaus) cukraus

100 g/4 uncijos/1 puodelis džiovinto (susmulkinto) kokoso

1 kiaušinis

120 ml / 4 fl uncijos / ½ puodelio pieno

Žiupsnelis druskos

Visus ingredientus gerai išmaišykite ir šaukštu sudėkite į riebalais išteptą ir išklotą 450 g/1 svaro kepimo formą (keptuvą). Kepkite iki 180°C įkaitintoje orkaitėje apie 1 valandą, kol taps auksinės spalvos ir taps elastinga.

Kokosų pyragas

Padaro vieną 23 cm/9 tortą

75 g/3 uncijos/1/3 puodelio sviesto arba margarino

150 ml / ¼ pt / 2/3 puodelio pieno

2 kiaušiniai, lengvai paplakti

225 g / 8 uncijos / 1 puodelis smulkaus (labai smulkaus) cukraus

150 g/5 uncijos/1¼ puodeliai savaime kylančių (savaime kylančių) miltų

Žiupsnelis druskos

Užpilui:

100 g/4 uncijos/½ puodelio sviesto arba margarino

75 g/3 uncijos/¾ puodelio išdžiovinto (susmulkinto) kokoso

60 ml/4 šaukštai skaidraus medaus

45 ml/3 šaukštai pieno

50 g/2 uncijos/¼ puodelio minkšto rudojo cukraus

Sviestą arba margariną ištirpinkite piene, tada palikite šiek tiek atvėsti. Kiaušinius ir cukraus pudrą išplakite iki šviesios putos, tada įmaišykite sviesto ir pieno mišinį. Įmaišykite miltus ir druską, kad gautumėte gana ploną mišinį. Supilkite į riebalais išteptą ir 23 cm/9 skersmens 23 cm skersmens torto formą ir kepkite iki 180°C įkaitintoje orkaitėje 40 minučių iki auksinės rudos spalvos ir elastingos liesti.

Tuo tarpu užpilo ingredientus užvirinkite keptuvėje. Išverskite šiltą pyragą ir šaukštu užpilkite mišinį. Padėkite po karštu griliu (broileriu) kelioms minutėms, kol užpilas pradės ruduoti.

Auksinis kokosų pyragas

Padaro vieną 20 cm/8 tortą

100 g/4 uncijos/½ puodelio sviesto arba margarino, suminkštinto

200 g/7 uncijos/nedaug 1 puodelis smulkaus cukraus

200 g/7 uncijos/1¾ puodeliai paprastų (universalių) miltų

10 ml/2 šaukštelio kepimo miltelių

Žiupsnelis druskos

175 ml/6 fl oz/¾ puodelio pieno

3 kiaušinių baltymai

Įdarui ir užpilui:
150 g / 5 uncijos / 1¼ puodeliai išdžiovinto (susmulkinto) kokoso

200 g/7 uncijos/nedaug 1 puodelis smulkaus cukraus

120 ml / 4 fl uncijos / ½ puodelio pieno

120 ml / 4 fl uncijos / ½ puodelio vandens

3 kiaušinių tryniai

Sumaišykite sviestą arba margariną ir cukrų iki šviesios ir purios masės. Į mišinį pakaitomis su pienu ir vandeniu įmaišykite miltus, kepimo miltelius ir druską, kol gausite vientisą tešlą. Kiaušinių baltymus išplakite iki standžių putų, tada įmaišykite į tešlą. Šaukštu supilkite mišinį į dvi riebalais išteptas 20 cm/8 skersmens kepimo formas ir kepkite iki 180°C įkaitintoje orkaitėje 25 minutes, kol taps elastingos. Palikite atvėsti.

Nedidelėje keptuvėje sumaišykite kokosą, cukrų, pieną ir kiaušinių trynius. Kaitinkite ant silpnos ugnies keletą minučių, kol kiaušiniai išvirs, nuolat maišydami. Palikite atvėsti. Sumuštinius sumuštinius sumaišome su puse kokoso mišinio, o likusią dalį uždedame ant viršaus.

Kokoso sluoksnio pyragas

Padaro vieną 9 x 18 cm / 3½ x 7 tortą

100 g/4 uncijos/½ puodelio sviesto arba margarino, suminkštinto

175 g / 6 uncijos / ¾ puodelio smulkaus (labai smulkaus) cukraus

3 kiaušiniai

175 g/6 uncijos/1½ puodelio paprastų (universalių) miltų

5 ml/1 arbatinis šaukštelis kepimo miltelių

175 g/6 uncijos/1 puodelis sultonų (auksinių razinų)

120 ml / 4 fl uncijos / ½ puodelio pieno

6 paprasti sausainiai (sausainiai), susmulkinti

100 g/4 uncijos/½ puodelio minkšto rudojo cukraus

100 g/4 uncijos/1 puodelis džiovinto (susmulkinto) kokoso

Sviestą arba margariną ir cukraus pudrą sutrinkite iki šviesios ir purios masės. Palaipsniui įmuškite du kiaušinius, tada pakaitomis su pienu įmaišykite miltus, kepimo miltelius ir sultoną. Pusę mišinio šaukštu supilkite į riebalais išteptą ir išklotą 450 g/1 svaro kepimo formą (keptuvą). Likusį kiaušinį sumaišykite su sausainių trupiniais, ruduoju cukrumi ir kokosu ir pabarstykite į skardą. Šaukštu supilkite likusį mišinį ir kepkite iki 180°C/350°F/dujų žymeklio 4 įkaitintoje orkaitėje 1 valandą. Palikite 30 minučių atvėsti skardoje, tada išverskite ant grotelių, kad baigtumėte atvėsti.

Kokosų ir citrinų pyragas

Padaro vieną 20 cm/8 tortą

100 g/4 uncijos/½ puodelio sviesto arba margarino, suminkštinto

75 g / 3 uncijos / 1/3 puodelio minkšto rudojo cukraus

Nutarkuota 1 citrinos žievelė

1 kiaušinis, sumuštas

Keli lašai migdolų esencijos (ekstrakto)

350 g/12 oz/3 puodeliai savaime kylančių (savaime kylančių) miltų

60 ml/4 šaukštai aviečių uogienės (konservuotas)

Užpilui:

1 kiaušinis, sumuštas

75 g / 3 uncijos / 1/3 puodelio minkšto rudojo cukraus

225 g/8 uncijos/2 puodeliai išdžiovinto (susmulkinto) kokoso

Sviestą arba margariną, cukrų ir citrinos žievelę sutrinkite iki šviesios ir purios masės. Palaipsniui įmuškite kiaušinį ir migdolų esenciją, tada įmaišykite miltus. Šaukštu supilkite mišinį į riebalais išteptą ir 20 cm/8 storio torto formą. Supilkite uogienę ant mišinio. Sumaišykite užpilo ingredientus ir paskleiskite ant mišinio. Kepkite iki 180°C įkaitintoje orkaitėje 30 minučių, kol taps elastinga. Palikite atvėsti skardoje.

Kokosų Naujųjų metų pyragas

Padaro vieną 18 cm/7 tortą

100 g/4 uncijos/½ puodelio sviesto arba margarino, suminkštinto

100 g/4 uncijos/½ puodelio smulkaus (labai smulkaus) cukraus

2 kiaušiniai, lengvai paplakti

75 g/3 uncijos/¾ puodelio paprastų (universalių) miltų

45 ml/3 šaukštai džiovinto (susmulkinto) kokoso

30 ml/2 šaukštai romo

Keli lašai migdolų esencijos (ekstrakto)

Keli lašai citrinos esencijos (ekstraktas)

Sviestą ir cukrų išplakti iki šviesios ir purios masės. Palaipsniui įmuškite kiaušinius, tada įmaišykite miltus ir kokosus. Įmaišykite romą ir esencijas. Šaukštu supilkite į riebalais išteptą ir 18 cm/7 storio torto formą (keptą) ir išlyginkite paviršių. Kepkite iki 190 °C įkaitintoje orkaitėje 45 minutes, kol į vidurį įsmeigtas iešmas išeis švarus. Palikite atvėsti skardoje.

Kokoso ir sultonos pyragas

Padaro vieną 23 cm/9 tortą

100 g/4 uncijos/½ puodelio sviesto arba margarino, suminkštinto

175 g / 6 uncijos / ¾ puodelio smulkaus (labai smulkaus) cukraus

2 kiaušiniai, lengvai paplakti

175 g/6 uncijos/1½ puodelio paprastų (universalių) miltų

5 ml/1 arbatinis šaukštelis kepimo miltelių

Žiupsnelis druskos

175 g/6 uncijos/1 puodelis sultonų (auksinių razinų)

120 ml / 4 fl uncijos / ½ puodelio pieno

Įdarui:

1 kiaušinis, lengvai paplaktas

50 g/2 uncijos/½ puodelio paprastų sausainių (sausainių) trupinių

100 g/4 uncijos/½ puodelio minkšto rudojo cukraus

100 g/4 uncijos/1 puodelis džiovinto (susmulkinto) kokoso

Sviestą arba margariną ir cukraus pudrą sutrinkite iki šviesios ir purios masės. Palaipsniui įmaišykite kiaušinius. Supilkite miltus, kepimo miltelius, druską ir sultoną su pakankamai pieno, kad susidarytų minkšta konsistencija. Pusę mišinio šaukštu supilkite į riebalais išteptą 23 cm/9 skersmens torto formą. Sumaišykite įdaro ingredientus ir šaukštu užpilkite mišinio, tada užpilkite likusiu pyrago mišiniu. Kepkite iki 180°C įkaitintoje orkaitėje 1 valandą, kol taps elastinga ir pradės trauktis nuo skardos kraštų. Prieš išversdami palikite atvėsti skardoje.

Traškus riešutų pyragas

Padaro vieną 23 cm/9 tortą

225 g/8 uncijos/1 puodelis sviesto arba margarino, suminkštinto

225 g / 8 uncijos / 1 puodelis smulkaus (labai smulkaus) cukraus

2 kiaušiniai, lengvai paplakti

225 g/8 uncijos/2 puodeliai paprastų (universalių) miltų

2,5 ml/½ šaukštelio sodos bikarbonato (kepimo soda)

2,5 ml/½ arbatinio šaukštelio totorių grietinėlės

200 ml / 7 fl oz / nedaug 1 puodelis pieno

Užpilui:

100 g / 4 uncijos / 1 puodelis kapotų sumaišytų riešutų

100 g/4 uncijos/½ puodelio minkšto rudojo cukraus

5 ml/1 šaukštelis malto cinamono

Sviestą arba margariną ir cukraus pudrą sutrinkite iki šviesios ir purios masės. Palaipsniui įmuškite kiaušinius, tada pakaitomis su pienu įmaišykite miltus, sodos bikarbonatą ir tartų grietinėlę. Šaukštu dėkite į riebalais išteptą ir išklotą 23 cm/9 torto formą. Sumaišykite riešutus, rudąjį cukrų ir cinamoną ir pabarstykite pyrago viršų. Kepkite iki 180°C įkaitintoje orkaitėje 40 minučių, kol taps auksinės rudos spalvos ir susitrauks nuo skardos kraštų. Palikite 10 minučių atvėsti skardoje, tada išverskite ant grotelių, kad baigtumėte atvėsti.

Mišrus riešutų pyragas

Padaro vieną 23 cm/9 tortą

100 g/4 uncijos/½ puodelio sviesto arba margarino, suminkštinto

225 g / 8 uncijos / 1 puodelis smulkaus (labai smulkaus) cukraus

1 kiaušinis, sumuštas

225 g/8 uncijos/2 puodeliai savaime kylančių (savaime kylančių) miltų

10 ml/2 šaukštelio kepimo miltelių

Žiupsnelis druskos

250 ml / 8 fl oz / 1 puodelis pieno

5 ml/1 šaukštelis vanilės esencijos (ekstraktas)

2,5 ml/½ šaukštelio citrinos esencijos (ekstraktas)

100 g / 4 uncijos / 1 puodelis kapotų sumaišytų riešutų

Sumaišykite sviestą arba margariną ir cukrų iki šviesios ir purios masės. Palaipsniui įmuškite kiaušinį. Sumaišykite miltus, kepimo miltelius ir druską ir pakaitomis su pienu ir esencijomis supilkite į mišinį. Sulenkite riešutus. Sudėkite į dvi riebalais išteptas ir išklotas 23 cm/9 skersmens kepimo formeles ir kepkite iki 180°F/350°F/dujinės žymos 4 įkaitintoje orkaitėje 40 minučių, kol į centrą įsmeigtas iešmas išeis švarus.

Graikiškas riešutų pyragas

Padaro vieną 25 cm/10 tortą

100 g/4 uncijos/½ puodelio sviesto arba margarino, suminkštinto

225 g / 8 uncijos / 1 puodelis smulkaus (labai smulkaus) cukraus

3 kiaušiniai, lengvai paplakti

250 g/9 uncijos/2¼ puodeliai paprastų (universalių) miltų

225 g/8 uncijos/2 puodeliai graikinių riešutų, maltų

10 ml/2 šaukštelio kepimo miltelių

5 ml/1 šaukštelis malto cinamono

1,5 ml/¼ šaukštelio maltų gvazdikėlių

Žiupsnelis druskos

75 ml/5 šaukštai pieno

Medaus sirupui:
175 g / 6 uncijos / ¾ puodelio smulkaus (labai smulkaus) cukraus

75 g / 3 uncijos / ¼ puodelio skaidraus medaus

15 ml/1 valgomasis šaukštas citrinos sulčių

250 ml / 8 fl oz / 1 puodelis verdančio vandens

Sumaišykite sviestą arba margariną ir cukrų iki šviesios ir purios masės. Pamažu įmuškite kiaušinius, tada įmaišykite miltus, graikinius riešutus, kepimo miltelius, prieskonius ir druską. Įpilkite pieno ir išmaišykite iki vientisos masės. Šaukštu supilkite į riebalais išteptą ir miltais pabarstytą 25 cm/10 storio pyrago formą ir kepkite iki 180°C įkaitintoje orkaitėje 40 minučių, kol taps elastinga. Palikite 10 minučių atvėsti skardoje, tada perkelkite ant grotelių.

Sirupui gaminti sumaišykite cukrų, medų, citrinos sultis ir vandenį ir kaitinkite, kol ištirps. Visą šiltą pyragą subadykite šakute, tada užpilkite medaus sirupo.

Ledinis graikinių riešutų pyragas

Padaro vieną 18 cm/7 tortą

100 g/4 uncijos/½ puodelio sviesto arba margarino, suminkštinto

100 g/4 uncijos/½ puodelio smulkaus (labai smulkaus) cukraus

2 kiaušiniai, lengvai paplakti

100 g/4 uncijos/1 puodelis savaime kylančių (savaime kylančių) miltų

100 g / 4 uncijos / 1 puodelis graikinių riešutų, susmulkintų

Žiupsnelis druskos

Glajui (glaistui):

450 g / 1 svaras / 2 puodeliai granuliuoto cukraus

150 ml / ¼ pt / 2/3 puodelio vandens

2 kiaušinių baltymai

Kelios graikinio riešuto pusės papuošimui

Sumaišykite sviestą arba margariną ir cukraus pudrą iki šviesios ir purios masės. Palaipsniui įmuškite kiaušinius, tada įmaišykite miltus, riešutus ir druską. Supilkite mišinį į dvi riebalais išteptas ir išklotas 18 cm/7 storio kepimo formeles ir kepkite iki 180°C įkaitintoje orkaitėje 25 minutes, kol gražiai iškils ir taps elastingas. Palikite atvėsti.

Granuliuotą cukrų ištirpinkite vandenyje ant silpnos ugnies, nuolat maišydami, tada užvirinkite ir toliau virkite nemaišydami, kol lašas mišinio suformuos minkštą rutulį, įlašėjus į šaltą vandenį. Tuo tarpu švariame dubenyje išplakti kiaušinių baltymus iki standžių putų. Supilkite sirupą ant kiaušinio baltymo ir plakite, kol mišinys bus pakankamai tirštas, kad apsemtų šaukšto nugarėlę. Sumuštinius sudėkite glajaus sluoksniu, o likusią dalį aptepkite torto viršų bei šonus ir papuoškite graikinio riešuto puselėmis.

Graikinių riešutų pyragas su šokoladiniu kremu

Padaro vieną 18 cm/7 tortą

3 kiaušiniai

75 g / 3 uncijos / 1/3 puodelio minkšto rudojo cukraus

50 g/2 uncijos/½ puodelio pilno grūdo (viso grūdo) miltų

25 g/1 oz/¼ puodelio kakavos (nesaldinto šokolado) miltelių

Glajui (glaistui):
150 g/5 uncijos/1¼ puodelio paprasto (pusiau saldaus) šokolado

225 g/8 uncijos/1 puodelis neriebaus kreminio sūrio

45 ml/3 a.š cukraus pudros (konditerinio) persijoto

75 g/3 uncijos/¾ puodelio graikinių riešutų, susmulkintų

15 ml/1 valgomasis šaukštas brendžio (nebūtina)

Garnyrui tarkuotas šokoladas

Kiaušinius ir rudąjį cukrų išplakame iki blankios ir tirštos masės. Supilkite miltus ir kakavą. Supilkite mišinį į dvi riebalais išteptas ir 18 cm/7 storio sumuštinių formeles ir kepkite iki 190°C įkaitintoje orkaitėje 15–20 minučių, kol gražiai iškils ir taps elastingas. Išimkite iš formelių ir palikite atvėsti.

Ištirpinkite šokoladą karščiui atspariame dubenyje, pastatytame virš puodo su švelniai verdančiu vandeniu. Nukelkite nuo ugnies ir įmaišykite kreminį sūrį ir cukraus pudrą, tada įmaišykite riešutus ir brendį, jei naudojate. Sudėkite pyragus kartu su didžiąja dalimi įdaro, o likusią dalį užtepkite ant viršaus. Papuoškite tarkuotu šokoladu.

Graikinių riešutų pyragas su medumi ir cinamonu

Padaro vieną 23 cm/9 tortą

225 g/8 uncijos/2 puodeliai paprastų (universalių) miltų

10 ml/2 šaukštelio kepimo miltelių

5 ml/1 arbatinis šaukštelis sodos bikarbonatas (kepimo soda)

5 ml/1 šaukštelis malto cinamono

Žiupsnelis druskos

100 g/4 uncijos/1 puodelis natūralaus jogurto

75 ml/5 šaukštai aliejaus

100 g / 4 uncijos / 1/3 puodelio skaidraus medaus

1 kiaušinis, lengvai paplaktas

5 ml/1 šaukštelis vanilės esencijos (ekstraktas)

Įdarui:

50 g/2 uncijos/½ puodelio kapotų graikinių riešutų

225 g / 8 uncijos / 1 puodelis minkšto rudojo cukraus

10 ml/2 šaukštelio malto cinamono

30 ml/2 šaukštai aliejaus

Sumaišykite sausus pyrago ingredientus ir centre padarykite duobutę. Sumaišykite likusius pyrago ingredientus ir įmaišykite į sausus ingredientus. Sumaišykite įdarui skirtus ingredientus. Pusę pyrago mišinio šaukštu supilkite į riebalais išteptą ir miltais pabarstytą 23 cm/9 skersmens torto formą ir pabarstykite puse įdaro. Sudėkite likusį pyrago mišinį, tada likusį įdarą. Kepkite iki 180°C įkaitintoje orkaitėje 30 minučių, kol gražiai pakils, taps auksinės rudos spalvos ir pradės trauktis nuo keptuvės kraštų.

Migdolų ir medaus batonėliai

Sudaro 10

15 g/½ uncijos šviežių mielių arba 20 ml/4 šaukštelio džiovintų mielių

45 ml/3 šaukštai smulkaus cukraus

120 ml/4 fl uncijos/½ puodelio šilto pieno

300 g / 11 uncijos / 2¾ puodeliai paprastų (universalių) miltų

Žiupsnelis druskos

1 kiaušinis, lengvai paplaktas

50 g/2 uncijos/¼ puodelio sviesto arba margarino, suminkštinto

300 ml/½ pt/1¼ puodelio dvigubos (sunkios) grietinėlės

30 ml/2 a.š cukraus pudros (konditerinio) persijoto

45 ml/3 šaukštai skaidraus medaus

300 g / 11 uncijos / 2¾ puodeliai susmulkintų (smulkintų) migdolų

Sumaišykite mieles, 5 ml/1 arbatinį šaukštelį cukraus pudros ir šiek tiek pieno ir palikite šiltoje vietoje 20 minučių, kol suputos. Likusį cukrų sumaišykite su miltais ir druska ir centre padarykite duobutę. Palaipsniui įmaišykite kiaušinį, sviestą arba margariną, mielių mišinį ir likusį šiltą pieną ir išmaišykite iki minkštos tešlos. Minkykite ant lengvai miltais pabarstyto paviršiaus iki vientisos ir elastingos masės. Sudėkite į aliejumi pateptą dubenį, uždenkite aliejumi patepta maistine plėvele (plastikine plėvele) ir palikite šiltoje vietoje 45 min., kol padvigubės.

Tešlą dar kartą išminkykite, tada iškočiokite ir dėkite į 30 x 20 cm/12 x 8 į riebalais išteptą torto formą (keptą), subadykite šakute, uždenkite ir palikite šiltoje vietoje 10 minučių.

Į nedidelę keptuvę sudėkite 120 ml grietinėlės, cukraus pudrą ir medų ir užvirinkite. Nukelkite nuo ugnies ir įmaišykite migdolus. Paskleiskite tešlą, tada kepkite iki 200°C/400°F/6 dujų žymeklio įkaitintoje orkaitėje 20 minučių, kol taps auksinės spalvos ir taps elastingos liesti. Jei viršus pradės per daug ruduoti, uždenkite riebalams atspariu (vaškuotu) popieriumi. virimo pabaiga. Išverčiame ir paliekame atvėsti.

Tortą perpjaukite per pusę horizontaliai. Likusią grietinėlę išplakti iki standumo ir paskleisti apatinę pyrago pusę. Ant viršaus uždėkite migdolais aptrauktą pyrago pusę ir supjaustykite juostelėmis.

Obuolių ir juodųjų serbentų trupiniai

Sudaro 12

175 g/6 uncijos/1½ puodelio paprastų (universalių) miltų

5 ml/1 arbatinis šaukštelis kepimo miltelių

Žiupsnelis druskos

175 g/6 uncijos/¾ puodelio sviesto arba margarino

225 g / 8 uncijos / 1 puodelis minkšto rudojo cukraus

100 g / 4 uncijos / 1 puodelis valcuotų avižų

450 g / 1 svaras virti (rūgštūs) obuoliai, nulupti, nulupti ir supjaustyti griežinėliais

30 ml/2 šaukštai kukurūzų miltų (kukurūzų krakmolo)

10 ml/2 šaukštelio malto cinamono

2,5 ml/½ šaukštelio tarkuoto muskato riešuto

2,5 ml/½ šaukštelio maltų kvapiųjų pipirų

225 g/8 uncijos juodųjų serbentų

Sumaišykite miltus, kepimo miltelius ir druską, tada įtrinkite sviestą arba margariną. Įmaišykite cukrų ir avižas. Pusę šaukštu dėkite į riebalais išteptą ir 25 cm/9 kvadratinės torto formos (kepimo formos) išklotą pagrindą. Sumaišykite obuolius, kukurūzų miltus ir prieskonius ir paskleiskite. Ant viršaus uždėkite juodųjų serbentų. Supilkite likusį mišinį ir išlyginkite viršų. Kepkite iki 180°C įkaitintoje orkaitėje 30 minučių, kol taps spyruokli. Palikite atvėsti, tada supjaustykite juostelėmis.

Abrikosų ir avižinių dribsnių batonėliai

Sudaro 24

75 g/3 uncijos/½ puodelio džiovintų abrikosų

25 g / 1 uncija / 3 šaukštai sultonų (auksinių razinų)

250 ml / 8 fl oz / 1 puodelis vandens

5 ml/1 arbatinis šaukštelis citrinos sulčių

150 g / 5 uncijos / 2/3 puodelio minkšto rudojo cukraus

50 g/2 uncijos/½ puodelio džiovinto (susmulkinto) kokoso

50 g/2 uncijos/½ puodelio paprastų (universalių) miltų

2,5 ml/½ šaukštelio sodos bikarbonato (kepimo soda)

100 g / 4 uncijos / 1 puodelis valcuotų avižų

50 g / 2 uncijos / ¼ puodelio sviesto, lydytas

Į nedidelę keptuvę sudėkite abrikosus, sultonus, vandenį, citrinos sultis ir 30 ml/2 šaukštus rudojo cukraus ir maišykite ant nedidelės ugnies, kol sutirštės. Įmaišykite kokosą ir palikite atvėsti. Sumaišykite miltus, sodos bikarbonatą, avižas ir likusį cukrų, tada įmaišykite ištirpintą sviestą. Pusę avižų mišinio įspauskite į riebalais išteptos 20 cm/8 kvadratinės kepimo formos (kepimo formos) dugną, tada ant viršaus paskleiskite abrikosų mišinį. Uždenkite likusiu avižų mišiniu ir lengvai prispauskite. Kepkite iki 180°C įkaitintoje orkaitėje 30 minučių iki auksinės spalvos. Palikite atvėsti, tada supjaustykite juostelėmis.

Abrikosų traškučiai

Sudaro 16

100 g/4 uncijos/2/3 puodelio paruoštų valgyti džiovintų abrikosų

120 ml / 4 fl uncijos / ½ puodelio apelsinų sulčių

100 g/4 uncijos/½ puodelio sviesto arba margarino

75 g/3 uncijos/¾ puodelio pilno grūdo (viso grūdo) miltų

75 g/3 uncijos/¾ puodelio valcuotų avižų

75 g/3 uncijos/1/3 puodelio demerara cukraus

Pamirkykite abrikosus apelsinų sultyse bent 30 minučių, kol suminkštės, tada nusausinkite ir supjaustykite. Sviestą arba margariną įtrinkite į miltus, kol masė taps panaši į džiūvėsėlius. Įmaišykite avižas ir cukrų. Pusę mišinio įspauskite į riebalais išteptą 30 x 20 cm/12 x 8 šveicarišką ritininę skardą ir pabarstykite abrikosais. Ant viršaus paskleiskite likusį mišinį ir švelniai paspauskite. Kepkite iki 180°C/350°F/dujų ženklo 4 įkaitintoje orkaitėje 25 minutes iki auksinės rudos spalvos. Palikite atvėsti skardoje, prieš išversdami ir supjaustydami į batonėlius.

Riešutiniai bananų batonėliai

Sudaro apie 14

50 g/2 uncijos/¼ puodelio sviesto arba margarino, suminkštinto

75 g/3 uncijos/1/3 puodelio ratukas (labai smulkus) arba minkštas rudasis cukrus

2 dideli bananai, supjaustyti

175 g/6 uncijos/1½ puodelio paprastų (universalių) miltų

7,5 ml/1½ šaukštelio kepimo miltelių

2 kiaušiniai, sumušti

50 g/2 uncijos/½ puodelio graikinių riešutų, grubiai pjaustytų

Sumaišykite sviestą arba margariną ir cukrų. Bananus sutrinkite ir įmaišykite į masę. Sumaišykite miltus ir kepimo miltelius. Į bananų masę suberkite miltus, kiaušinius ir riešutus ir gerai išplakite. Šaukštu dėkite į riebalais išteptą ir išklotą 18 x 28 cm/7 x 11 torto formą, išlyginkite paviršių ir kepkite iki 160°C/325°F/dujų žymeklio 3 įkaitintoje orkaitėje 30–35 minutes, kol taps elastinga. Palikite keletą minučių atvėsti skardoje, tada išverskite ant grotelių, kad baigtumėte atvėsti. Supjaustykite į maždaug 14 batonėlių.

Amerikietiški rudieji pyragaičiai

Sudaro apie 15

2 dideli kiaušiniai

225 g / 8 uncijos / 1 puodelis smulkaus (labai smulkaus) cukraus

50 g/2 uncijos/¼ puodelio sviesto arba margarino, ištirpinto

2,5 ml/½ šaukštelio vanilės esencijos (ekstraktas)

75 g/3 uncijos/¾ puodelio paprastų (universalių) miltų

45 ml/3 šaukštai kakavos (nesaldinto šokolado) miltelių

2,5 ml/½ šaukštelio kepimo miltelių

Žiupsnelis druskos

50 g/2 uncijos/½ puodelio graikinių riešutų, grubiai pjaustytų

Kiaušinius ir cukrų išplakti iki tirštos ir kreminės masės. Įmuškite sviestą ir vanilės esenciją. Išsijokite miltus, kakavą, kepimo miltelius ir druską ir įmaišykite į masę su graikiniais riešutais. Pasukite į gerai riebalais išteptą 20 cm/8 kvadratinę torto formą. Kepkite iki 180 °C įkaitintoje orkaitėje 40–45 minutes, kol taps elastinga. Palikite skardoje 10 minučių, tada supjaustykite kvadratėliais ir dar šiltą perkelkite ant grotelių.

Chocolate Fudge Brownies

Sudaro apie 16

225 g/8 uncijos/1 puodelis sviesto arba margarino

175 g / 6 uncijos / ¾ puodelio granuliuoto cukraus

350 g/12 oz/3 puodeliai savaime kylančių (savaime kylančių) miltų

30 ml/2 šaukštai kakavos (nesaldinto šokolado) miltelių

Glajui (glaistui):
175 g / 6 uncijos / 1 puodelis cukraus pudros (konditerių), išsijotas

30 ml/2 šaukštai kakavos (nesaldinto šokolado) miltelių

Verdantis vanduo

Ištirpinkite sviestą arba margariną, tada įmaišykite granuliuotą cukrų. Įmaišykite miltus ir kakavą. Įspauskite į išklotą 18 x 28 cm/7 x 11 kepimo formą. Kepkite iki 180°C įkaitintoje orkaitėje apie 20 minučių, kol taps elastinga.

Glajui pasigaminti cukraus pudrą ir kakavą persijokite į dubenį ir įpilkite lašelį verdančio vandens. Maišykite, kol gerai susimaišys, jei reikia, įpilkite lašelį ar daugiau vandens. Dar šiltus (bet ne karštus) pyragus apledinkite, tada palikite atvėsti, prieš supjaustydami kvadratėliais.

Graikiniai riešutai ir šokoladiniai pyragaičiai

Sudaro 12

50 g/2 uncijos/½ puodelio paprasto (pusiau saldaus) šokolado

75 g/3 uncijos/1/3 puodelio sviesto arba margarino

225 g / 8 uncijos / 1 puodelis smulkaus (labai smulkaus) cukraus

75 g/3 uncijos/¾ puodelio paprastų (universalių) miltų

75 g/3 uncijos/¾ puodelio graikinių riešutų, susmulkintų

50 g/2 uncijos/½ puodelio šokolado drožlių

2 kiaušiniai, sumušti

2,5 ml/½ šaukštelio vanilės esencijos (ekstraktas)

Ištirpinkite šokoladą ir sviestą arba margariną karščiui atspariame dubenyje, pastatytame virš puodo su švelniai verdančiu vandeniu. Nukelkite nuo ugnies ir įmaišykite likusius ingredientus. Šaukštu sudėkite į riebalais išteptą ir 20 cm/8 skersmens išklotą torto formą (keptą) ir kepkite iki 180°C įkaitintoje orkaitėje 30 minučių, kol į centrą įsmeigtas iešmas išeis švarus. Palikite atvėsti skardoje, tada supjaustykite kvadratėliais.

Sviesto batonėliai

Sudaro 16

100 g/4 uncijos/½ puodelio sviesto arba margarino, suminkštinto

100 g/4 uncijos/½ puodelio smulkaus (labai smulkaus) cukraus

1 kiaušinis, atskirtas

100 g/4 uncijos/1 puodelis paprastų (universalių) miltų

25 g/1 oz/¼ puodelio kapotų sumaišytų riešutų

Sumaišykite sviestą arba margariną ir cukrų iki šviesios ir purios masės. Įmaišykite kiaušinio trynį, tada įmaišykite miltus ir riešutus, kad gautumėte gana standų mišinį. Jei jis per kietas, įpilkite šiek tiek pieno; jei skystoka, įberkite dar šiek tiek miltų. Tešlą šaukštu sukrėskite į riebalais išteptą 30 x 20 cm/12 x 8 šveicarišką kočiojimo formą (želė vyniojimo formą). Kiaušinio baltymą išplakite iki putų ir paskleiskite ant mišinio. Kepkite iki 180°C įkaitintoje orkaitėje 30 minučių iki auksinės spalvos. Palikite atvėsti, tada supjaustykite juostelėmis.

Vyšnių irisas Traybake

Sudaro 12

100 g / 4 uncijos / 1 puodelis migdolų

225 g/8 uncijos/1 puodelis glazūruotų (cukruotų) vyšnių, perpjautų per pusę

225 g/8 uncijos/1 puodelis sviesto arba margarino, suminkštinto

225 g / 8 uncijos / 1 puodelis smulkaus (labai smulkaus) cukraus

3 kiaušiniai, sumušti

100 g/4 uncijos/1 puodelis savaime kylančių (savaime kylančių) miltų

50 g/2 uncijos/½ puodelio maltų migdolų

5 ml/1 arbatinis šaukštelis kepimo miltelių

5 ml/1 šaukštelis migdolų esencijos (ekstraktas)

Migdolus ir vyšnias pabarstykite ant riebalais išteptos ir išklotos 20 cm/8 torto formos (kepimo) pagrindo. Ištirpinkite 50 g/2 uncijos/¼ puodelio sviesto arba margarino su 50 g/2 uncijos/¼ puodelio cukraus, tada užpilkite ant vyšnių ir riešutų. Likusį sviestą arba margariną ir cukrų išplakti iki šviesios ir purios masės, tada įmušti kiaušinius ir sumaišyti miltus, maltus migdolus, kepimo miltelius ir migdolų esenciją. Supilkite mišinį į skardą ir išlyginkite viršų. Kepkite iki 160°C/325°F/dujų žymeklio 3 įkaitintoje orkaitėje 1 valandą. Palikite keletą minučių atvėsti skardoje, tada atsargiai apverskite ant grotelių, jei reikia, nubraukite bet kokį sluoksnį nuo pamušalo popieriaus. Prieš pjaustydami palikite visiškai atvėsti.

Šokolado drožlių traybake

Sudaro 24

100 g/4 uncijos/½ puodelio sviesto arba margarino, suminkštinto

100 g/4 uncijos/½ puodelio minkšto rudojo cukraus

50 g / 2 uncijos / ¼ puodelio smulkaus (labai smulkaus) cukraus

1 kiaušinis

5 ml/1 šaukštelis vanilės esencijos (ekstraktas)

100 g/4 uncijos/1 puodelis paprastų (universalių) miltų

2,5 ml/½ šaukštelio sodos bikarbonato (kepimo soda)

Žiupsnelis druskos

100 g/4 uncijos/1 puodelis šokolado drožlių

Sumaišykite sviestą arba margariną ir cukrų iki šviesios ir purios masės, tada palaipsniui įpilkite kiaušinio ir vanilės esencijos. Įmaišykite miltus, sodos bikarbonatą ir druską. Įmaišykite šokolado drožles. Šaukštu supilkite į riebalais išteptą ir miltais pabarstytą 25 cm/12 skersmens kvadratinę kepimo formą ir kepkite iki 190°C įkaitintoje orkaitėje 2 15 minučių iki auksinės rudos spalvos. Palikite atvėsti, tada supjaustykite kvadratėliais.

Cinamono trupinimo sluoksnis

Sudaro 12

Dėl pagrindo:

100 g/4 uncijos/½ puodelio sviesto arba margarino, suminkštinto

30 ml/2 šaukštai skaidraus medaus

2 kiaušiniai, lengvai paplakti

100 g/4 uncijos/1 puodelis paprastų (universalių) miltų

Dėl trupinio:

75 g/3 uncijos/1/3 puodelio sviesto arba margarino

75 g/3 uncijos/¾ puodelio paprastų (universalių) miltų

75 g/3 uncijos/¾ puodelio valcuotų avižų

5 ml/1 šaukštelis malto cinamono

50 g/2 uncijos/¼ puodelio demerara cukraus

Sumaišykite sviestą arba margariną ir medų iki šviesios ir purios masės. Palaipsniui įmuškite kiaušinius, tada įmaišykite miltus. Pusę mišinio supilkite į riebalais išteptą 20 cm/8 kvadratinę torto formą ir išlyginkite paviršių.

Kad būtų trupiniai, sviestą arba margariną įtrinkite į miltus, kol masė taps panaši į džiūvėsėlius. Įmaišykite avižas, cinamoną ir cukrų. Supilkite pusę trupinio į skardą, tada užpilkite likusiu pyrago mišiniu, tada likusiu trupiniu. Kepkite iki 190 °C įkaitintoje orkaitėje apie 35 minutes, kol į centrą įsmeigtas iešmas išeis švarus. Palikite atvėsti, tada supjaustykite juostelėmis.

Liūdni cinamono batonėliai

Sudaro 16

225 g/8 uncijos/2 puodeliai paprastų (universalių) miltų

10 ml/2 šaukštelio kepimo miltelių

225 g / 8 uncijos / 1 puodelis minkšto rudojo cukraus

15 ml/1 valgomasis šaukštas lydyto sviesto

250 ml / 8 fl oz / 1 puodelis pieno

30 ml/2 šaukštai demerara cukraus

10 ml/2 šaukštelio malto cinamono

25 g/1 uncijos/2 šaukštai sviesto, atšaldyto ir supjaustyto kubeliais

Sumaišykite miltus, kepimo miltelius ir cukrų. Supilkite ištirpintą sviestą ir pieną ir gerai išmaišykite. Gautą masę suspauskite į dvi 23 cm/9 kvadratines torto formeles. Viršus apibarstykite demerara cukrumi ir cinamonu, tada ant paviršiaus įspauskite sviesto gabalėlius. Kepkite iki 180°C/350°F/ dujų žymeklio 4 įkaitintoje orkaitėje 30 minučių. Sviestas mišinyje padarys skylutes ir kepdamas taps lipnus.

Kokosų batonėliai

Sudaro 16

75 g/3 uncijos/1/3 puodelio sviesto arba margarino

100 g/4 uncijos/1 puodelis paprastų (universalių) miltų

30 ml/2 šaukštai smulkaus cukraus

2 kiaušiniai

100 g/4 uncijos/½ puodelio minkšto rudojo cukraus

Žiupsnelis druskos

175 g/6 uncijos/1½ puodelio išdžiovinto (susmulkinto) kokoso

50 g/2 uncijos/½ puodelio kapotų sumaišytų riešutų

Apelsinų glajus

Sviestą arba margariną įtrinkite į miltus, kol masė taps panaši į džiūvėsėlius. Suberkite cukrų ir įspauskite į riebalais neteptą 23 cm/9 kvadratinę kepimo formą. Kepkite iki 190°C įkaitintoje orkaitėje 15 minučių, kol sustings.

Sumaišykite kiaušinius, rudąjį cukrų ir druską, tada įmaišykite kokosą ir riešutus ir paskleiskite ant pagrindo. Kepkite 20 minučių, kol sustings ir auksinės spalvos. Ledas su oranžiniu glajumi, kai atvės. Supjaustyti batonėliais.

Kokosų ir uogienių sumuštinių batonėliai

Sudaro 16

25 g/1 uncijos/2 šaukštai sviesto arba margarino

175 g/6 uncijos/1½ puodeliai savaime kylančių (savaime kylančių) miltų

225 g / 8 uncijos / 1 puodelis smulkaus (labai smulkaus) cukraus

2 kiaušinių tryniai

75 ml / 5 šaukštai vandens

175 g/6 uncijos/1½ puodelio išdžiovinto (susmulkinto) kokoso

4 kiaušinių baltymai

50 g/2 uncijos/½ puodelio paprastų (universalių) miltų

100 g / 4 uncijos / 1/3 puodelio braškių uogienės (konservuotas)

Sviestą arba margariną įtrinkite į savaime iškilusius miltus, tada įmaišykite 50 g/2 uncijos/¼ puodelio cukraus. Suplakite kiaušinių trynius ir 45 ml/3 šaukštus vandens ir įmaišykite į mišinį. Įspauskite į riebalais išteptos 30 x 20 cm/12 x 8 šveicariškos ritininės skardos pagrindą ir subadykite šakute. Kepkite iki 180°C/350°F/dujų žymė 4 įkaitintoje orkaitėje 12 minučių. Palikite atvėsti.

Į keptuvę sudėkite kokosą, likusį cukrų ir vandenį bei vieną kiaušinio baltymą ir maišykite ant silpnos ugnies, kol mišinys taps gumuliuotas, bet neparus. Palikite atvėsti. Įmaišykite paprastus miltus. Likusius baltymus išplakti iki standžių putų, tada įmaišyti į masę. Pagrindą aptepkite uogiene, tada aptepkite kokoso užpilu. Kepkite orkaitėje 30 minučių iki auksinės rudos spalvos. Prieš pjaustydami batonėlius palikite atvėsti skardoje.

Data ir Apple Traybake

Sudaro 12

1 kepamas (tortas) obuolys, nuluptas, išimtas šerdies ir susmulkintas

225 g/8 uncijos/1 1/3 puodelių datulių be kauliukų, pjaustytų

150 ml / ¼ pt / 2/3 puodelio vandens

350 g / 12 uncijos / 3 puodeliai valcuotų avižų

175 g/6 uncijos/¾ puodelio sviesto arba margarino, lydytas

45 ml/3 šaukštai demerara cukraus

5 ml/1 šaukštelis malto cinamono

Obuolius, datules ir vandenį sudėkite į keptuvę ir švelniai troškinkite apie 5 minutes, kol obuoliai suminkštės. Palikite atvėsti. Sumaišykite avižas, sviestą arba margariną, cukrų ir cinamoną. Pusę dėkite į riebalais išteptą 20 cm/8 kvadratinę torto formą ir išlyginkite paviršių. Ant viršaus užtepkite obuolių ir datulių mišinio, tada uždenkite likusiu avižų mišiniu ir išlyginkite paviršių. Švelniai paspauskite. Kepkite iki 190°C įkaitintoje orkaitėje apie 30 minučių iki auksinės rudos spalvos. Palikite atvėsti, tada supjaustykite juostelėmis.

Datos griežinėliai

Sudaro 12

225 g/8 uncijos/11/3 puodelių datulių be kauliukų, pjaustytų

30 ml/2 šaukštai skaidraus medaus

30 ml/2 šaukštai citrinos sulčių

225 g/8 uncijos/1 puodelis sviesto arba margarino

225 g/8 uncijos/2 puodeliai pilno grūdo (viso grūdo) miltų

225 g / 8 uncijos / 2 puodeliai valcuotų avižų

75 g / 3 uncijos / 1/3 puodelio minkšto rudojo cukraus

Ant silpnos ugnies kelias minutes troškinkite datules, medų ir citrinos sultis, kol datulės suminkštės. Sviestą arba margariną įtrinkite į miltus ir avižas, kol masė taps panaši į džiūvėsėlius, tada įmaišykite cukrų. Pusę mišinio šaukštu supilkite į riebalais išteptą ir 20 cm/8 kvadratinę torto formą. Ant viršaus užpilkite datulių mišinio, tada užbaikite likusiu pyrago mišiniu. Tvirtai paspauskite žemyn. Kepkite iki 190°C įkaitintoje orkaitėje 35 minutes, kol taps elastinga. Palikite atvėsti skardoje, dar šiltą supjaustykite griežinėliais.

Močiutės pasimatymų barai

Sudaro 16

100 g/4 uncijos/½ puodelio sviesto arba margarino, suminkštinto

225 g / 8 uncijos / 1 puodelis minkšto rudojo cukraus

2 kiaušiniai, lengvai paplakti

175 g/6 uncijos/1½ puodelio paprastų (universalių) miltų

2,5 ml/½ šaukštelio sodos bikarbonato (kepimo soda)

5 ml/1 šaukštelis malto cinamono

Žiupsnelis maltų gvazdikėlių

Žiupsnelis tarkuoto muskato riešuto

175 g/6 uncijos/1 puodelis datulių be kauliukų, susmulkintų

Sumaišykite sviestą arba margariną ir cukrų iki šviesios ir purios masės. Palaipsniui įmuškite kiaušinius, kiekvieną kartą gerai išplakite. Įmaišykite likusius ingredientus, kol gerai susimaišys. Šaukštu sudėkite į riebalais išteptą ir miltais pabarstytą 23 cm/9 skersmens kvadratinę kepimo formą ir kepkite iki 180°C įkaitintoje orkaitėje 25 minutes, kol į vidurį įsmeigtas iešmas išeis švarus. Palikite atvėsti, tada supjaustykite juostelėmis.

Datulių ir avižinių dribsnių batonėliai

Sudaro 16

175 g/6 uncijos/1 puodelis datulių be kauliukų, susmulkintų

15 ml/1 valgomasis šaukštas skaidraus medaus

30 ml/2 šaukštai vandens

225 g/8 uncijos/2 puodeliai pilno grūdo (viso grūdo) miltų

100 g / 4 uncijos / 1 puodelis valcuotų avižų

100 g/4 uncijos/½ puodelio minkšto rudojo cukraus

150 g/5 uncijos/2/3 puodelio sviesto arba margarino, lydytas

Datules, medų ir vandenį troškinkite nedidelėje keptuvėje, kol datulės suminkštės. Sumaišykite miltus, avižas ir cukrų, tada įmaišykite ištirpintą sviestą arba margariną. Pusę mišinio įspauskite į riebalais išteptą 18 cm/7 kvadratinę torto formą (kepimo formą), pabarstykite datulių mišiniu, tada užpilkite likusiu avižų mišiniu ir švelniai prispauskite. Kepkite iki 180°C įkaitintoje orkaitėje 1 valandą, kol sutvirtės ir taps auksinės spalvos. Palikite atvėsti skardoje, dar šiltą supjaustykite batonėliais.

Datulių ir riešutų batonėliai

Sudaro 12

100 g/4 uncijos/½ puodelio sviesto arba margarino, suminkštinto

150 g / 5 uncijos / 2/3 puodelio smulkaus (labai smulkaus) cukraus

1 kiaušinis, lengvai paplaktas

100 g/4 uncijos/1 puodelis savaime kylančių (savaime kylančių) miltų

225 g/8 uncijos/11/3 puodelių datulių be kauliukų, pjaustytų

100 g / 4 uncijos / 1 puodelis graikinių riešutų, susmulkintų

15 ml/1 valgomasis šaukštas pieno (nebūtina)

100 g/4 uncijos/1 puodelis paprasto (pusiau saldaus) šokolado

Sumaišykite sviestą arba margariną ir cukrų iki šviesios ir purios masės. Įmaišykite kiaušinį, tada miltus, datules ir graikinius riešutus, įpilkite šiek tiek pieno, jei mišinys yra per kietas. Šaukštu supilkite į riebalais išteptą 30 x 20 cm/12 x 8 šveicarišką ritininę skardą ir kepkite iki 180°C/350°F/dujinė žyma 4 įkaitintoje orkaitėje 30 minučių, kol taps elastinga. Palikite atvėsti.

Ištirpinkite šokoladą karščiui atspariame dubenyje, pastatytame virš puodo su švelniai verdančiu vandeniu. Užtepkite mišinį ir palikite atvėsti bei sustingti. Aštriu peiliu supjaustykite juosteles.

Fig Bars

Sudaro 16

225 g/8 uncijos šviežių figų, kapotų

30 ml/2 šaukštai skaidraus medaus

15 ml/1 valgomasis šaukštas citrinos sulčių

225 g/8 uncijos/2 puodeliai pilno grūdo (viso grūdo) miltų

225 g / 8 uncijos / 2 puodeliai valcuotų avižų

225 g/8 uncijos/1 puodelis sviesto arba margarino

75 g / 3 uncijos / 1/3 puodelio minkšto rudojo cukraus

Virkite figas, medų ir citrinos sultis ant silpnos ugnies 5 minutes. Leiskite šiek tiek atvėsti. Sumaišykite miltus ir avižas, tada įtrinkite sviestą arba margariną ir įmaišykite cukrų. Pusę mišinio įspauskite į riebalais išteptą 20 cm/8 kvadratinę torto formą, tada ant viršaus uždėkite figų mišinio. Uždenkite likusiu pyrago mišiniu ir stipriai prispauskite. Kepkite iki 180°C įkaitintoje orkaitėje 30 minučių iki auksinės rudos spalvos. Palikite skardoje atvėsti, tada dar šiltą supjaustykite griežinėliais.

Atvartais

Sudaro 16

75 g/3 uncijos/1/3 puodelio sviesto arba margarino

50 g/2 uncijos/3 šaukštai auksinio (šviesaus kukurūzų) sirupo

100 g/4 uncijos/½ puodelio minkšto rudojo cukraus

175 g / 6 uncijos / 1½ puodelio valcuotų avižų

Ištirpinkite sviestą arba margariną su sirupu ir cukrumi, tada įmaišykite avižas. Įspauskite į riebalais išteptą 20 cm/8 kvadratinę formą ir kepkite iki 180°C/350°F/4 dujų žymeklio įkaitintoje orkaitėje apie 20 minučių, kol taps šviesiai auksinės spalvos. Palikite šiek tiek atvėsti prieš pjaustydami batonėlius, tada palikite skardoje visiškai atvėsti prieš išversdami.

Vyšnių atvartai

Sudaro 16

75 g/3 uncijos/1/3 puodelio sviesto arba margarino

50 g/2 uncijos/3 šaukštai auksinio (šviesaus kukurūzų) sirupo

100 g/4 uncijos/½ puodelio minkšto rudojo cukraus

175 g / 6 uncijos / 1½ puodelio valcuotų avižų

100 g / 4 uncijos / 1 puodelis glazūruotų (cukruotų) vyšnių, susmulkintų

Sviestą arba margariną ištirpinkite su sirupu ir cukrumi, tada įmaišykite avižas ir vyšnias. Įspauskite į riebalais išteptą 20 cm/8 kvadratinę torto formą ir kepkite iki 180°C/350°F/4 dujų žymeklio įkaitintoje orkaitėje apie 20 minučių, kol įgaus šviesiai auksinę spalvą. Palikite šiek tiek atvėsti prieš pjaustydami batonėlius, tada palikite skardoje visiškai atvėsti prieš išversdami.

Šokoladiniai blyneliai

Sudaro 16

75 g/3 uncijos/1/3 puodelio sviesto arba margarino

50 g/2 uncijos/3 šaukštai auksinio (šviesaus kukurūzų) sirupo

100 g/4 uncijos/½ puodelio minkšto rudojo cukraus

175 g / 6 uncijos / 1½ puodelio valcuotų avižų

100 g/4 uncijos/1 puodelis šokolado drožlių

Ištirpinkite sviestą arba margariną su sirupu ir cukrumi, tada įmaišykite avižas ir šokolado drožles. Įspauskite į riebalais išteptą 20 cm/8 kvadratinę torto formą ir kepkite iki 180°C/350°F/4 dujų žymeklio įkaitintoje orkaitėje apie 20 minučių, kol taps šviesiai auksinės spalvos. Palikite šiek tiek atvėsti prieš pjaustydami batonėlius, tada palikite skardoje visiškai atvėsti prieš išversdami.

Vaisių blynai

Sudaro 16

75 g/3 uncijos/1/3 puodelio sviesto arba margarino

100 g/4 uncijos/½ puodelio minkšto rudojo cukraus

50 g/2 uncijos/3 šaukštai auksinio (šviesaus kukurūzų) sirupo

175 g / 6 uncijos / 1½ puodelio valcuotų avižų

75 g/3 uncijos/½ puodelio razinų, sultonų ar kitų džiovintų vaisių

Sviestą arba margariną ištirpinkite su cukrumi ir sirupu, tada įmaišykite avižas ir razinas. Įspauskite į riebalais išteptą 20 cm/8 kvadratinę torto formą ir kepkite iki 180°C/350°F/4 dujų žymeklio įkaitintoje orkaitėje apie 20 minučių, kol įgaus šviesiai auksinę spalvą. Palikite šiek tiek atvėsti prieš pjaustydami batonėlius, tada palikite skardoje visiškai atvėsti prieš išversdami.

Vaisių ir riešutų kepuraitės

Sudaro 16

75 g/3 uncijos/1/3 puodelio sviesto arba margarino

100 g / 4 uncijos / 1/3 puodelio skaidraus medaus

50 g/2 uncijos/1/3 puodelio razinų

50 g / 2 uncijos / ½ puodelio graikinių riešutų, susmulkintų

175 g / 6 uncijos / 1½ puodelio valcuotų avižų

Ant silpnos ugnies ištirpinkite sviestą arba margariną su medumi. Įmaišykite razinas, graikinius riešutus ir avižas ir gerai išmaišykite. Šaukštu supilkite į riebalais išteptą 23 cm/9 kvadratinę torto formą ir kepkite iki 180°C įkaitintoje orkaitėje 4 25 minutes. Palikite atvėsti skardoje, dar šiltą supjaustykite batonėliais.

Imbieriniai blynai

Sudaro 16

75 g/3 uncijos/1/3 puodelio sviesto arba margarino

100 g/4 uncijos/½ puodelio minkšto rudojo cukraus

50 g / 2 uncijos / 3 šaukštai sirupo iš indelio stiebinio imbiero

175 g / 6 uncijos / 1½ puodelio valcuotų avižų

4 gabaliukai stiebo imbiero, smulkiai pjaustyti

Sviestą arba margariną ištirpinkite su cukrumi ir sirupu, tada įmaišykite avižas ir imbierą. Įspauskite į riebalais išteptą 20 cm/8 kvadratinę torto formą ir kepkite iki 180°C/350°F/4 dujų žymeklio įkaitintoje orkaitėje apie 20 minučių, kol taps šviesiai auksinės spalvos. Palikite šiek tiek atvėsti prieš pjaustydami batonėlius, tada palikite skardoje visiškai atvėsti prieš išversdami.

Riešutiniai atvartai

Sudaro 16

75 g/3 uncijos/1/3 puodelio sviesto arba margarino

50 g/2 uncijos/3 šaukštai auksinio (šviesaus kukurūzų) sirupo

100 g/4 uncijos/½ puodelio minkšto rudojo cukraus

175 g / 6 uncijos / 1½ puodelio valcuotų avižų

100 g / 4 uncijos / 1 puodelis kapotų sumaišytų riešutų

Sviestą arba margariną ištirpinkite su sirupu ir cukrumi, tada įmaišykite avižas ir riešutus. Įspauskite į riebalais išteptą 20 cm/8 kvadratinę torto formą ir kepkite iki 180°C/350°F/4 dujų žymeklio įkaitintoje orkaitėje apie 20 minučių, kol taps šviesiai auksinės spalvos. Palikite šiek tiek atvėsti prieš pjaustydami batonėlius, tada palikite skardoje visiškai atvėsti prieš išversdami.

Aštrūs citrininiai tešlos pyragaičiai

Sudaro 16

100 g/4 uncijos/1 puodelis paprastų (universalių) miltų

100 g/4 uncijos/½ puodelio sviesto arba margarino, suminkštinto

75 g/3 uncijos/½ puodelio cukraus pudros (konditerių), išsijotas

2,5 ml/½ šaukštelio kepimo miltelių

Žiupsnelis druskos

30 ml/2 šaukštai citrinos sulčių

10 ml/2 šaukštelio tarkuotos citrinos žievelės

Sumaišykite miltus, sviestą arba margariną, cukraus pudrą ir kepimo miltelius. Įspauskite į riebalais išteptą 23 cm/9 kvadratinę torto formą ir kepkite iki 180°C/350°F/4 dujų žymeklio įkaitintoje orkaitėje 20 minučių.

Sumaišykite likusius ingredientus ir plakite iki šviesios ir purios masės. Šaukštu uždėkite ant karšto pagrindo, sumažinkite orkaitės temperatūrą iki 160°C/325°F/dujų žymė 3 ir grįžkite į orkaitę dar 25 minutėms, kol taps elastinga. Palikite atvėsti, tada supjaustykite kvadratėliais.

Mokos ir kokoso kvadratai

Sudaro 20

1 kiaušinis

100 g/4 uncijos/½ puodelio smulkaus (labai smulkaus) cukraus

100 g/4 uncijos/1 puodelis paprastų (universalių) miltų

10 ml/2 šaukštelio kepimo miltelių

Žiupsnelis druskos

75 ml/5 šaukštai pieno

75 g/3 uncijos/1/3 puodelio sviesto arba margarino, lydytas

15 ml/1 valgomasis šaukštas kakavos (nesaldinto šokolado) miltelių

2,5 ml/½ šaukštelio vanilės esencijos (ekstraktas)

Užpilui:

75 g/3 uncijos/½ puodelio cukraus pudros (konditerių), išsijotas

50 g/2 uncijos/¼ puodelio sviesto arba margarino, ištirpinto

45 ml/3 šaukštai karštos stiprios juodos kavos

15 ml/1 valgomasis šaukštas kakavos (nesaldinto šokolado) miltelių

2,5 ml/½ šaukštelio vanilės esencijos (ekstraktas)

25 g/1 oz/¼ puodelio išdžiovinto (susmulkinto) kokoso

Kiaušinius ir cukrų išplakti iki šviesios ir purios masės. Miltus, kepimo miltelius ir druską pakaitomis sumaišykite su pienu ir lydytu sviestu arba margarinu. Įmaišykite kakavą ir vanilės esenciją. Supilkite mišinį į riebalais išteptą 20 cm/8 kvadratinę torto formą ir kepkite iki 200°C įkaitintoje orkaitėje 15 minučių, kol gražiai iškils ir taps elastinga liesti.

Užpilui sumaišykite cukraus pudrą, sviestą arba margariną, kavą, kakavą ir vanilės esenciją. Tepkite ant šilto pyrago ir pabarstykite kokosu. Palikite atvėsti skardoje, tada išverskite ir supjaustykite kvadratėliais.

Sveiki, Dolly Cookies

Sudaro 16

100 g/4 uncijos/½ puodelio sviesto arba margarino

100 g/4 uncijos/1 puodelis virškinimo biskvito

(Grahamo krekeris) trupiniai

100 g/4 uncijos/1 puodelis šokolado drožlių

100 g/4 uncijos/1 puodelis džiovinto (susmulkinto) kokoso

100 g / 4 uncijos / 1 puodelis graikinių riešutų, susmulkintų

400 g/14 uncijos/1 didelė kondensuoto pieno skardinė

Ištirpinkite sviestą arba margariną ir įmaišykite biskvito trupinius. Mišinį įspauskite į riebalais išteptą ir folija išklotą 28 x 18 cm/11 x 7 torto formos (kepimo) pagrindą. Pabarstykite šokolado drožlėmis, tada kokosu ir galiausiai graikiniais riešutais. Ant viršaus užpilkite kondensuoto pieno ir kepkite iki 180°C/350°F/ 4 dujų žymeklio įkaitintoje orkaitėje 25 minutes. Dar šiltą supjaustykite batonėliais, tada palikite visiškai atvėsti.

Riešutų ir šokolado kokosų batonėliai

Sudaro 12

75 g/3 uncijos/¾ puodelio pieniško šokolado

75 g/3 uncijos/¾ puodelio paprasto (pusiau saldaus) šokolado

75 g/3 uncijos/1/3 puodelio traškaus žemės riešutų sviesto

75 g/3 uncijos/¾ puodelio virškinimo sausainių (Grahamo krekerių) trupinių

75 g / 3 uncijos / ¾ puodelio graikinių riešutų, susmulkintų

75 g/3 uncijos/¾ puodelio išdžiovinto (susmulkinto) kokoso

75 g/3 uncijos/¾ puodelio baltojo šokolado

Ištirpinkite pieninį šokoladą karščiui atspariame dubenyje, pastatytame virš puodo su švelniai verdančiu vandeniu. Paskleiskite ant 23 cm/7 kvadratinės torto formos pagrindo ir palikite sustingti.

Ant nedidelės ugnies švelniai ištirpinkite paprastą šokoladą ir žemės riešutų sviestą, tada įmaišykite sausainių trupinius, graikinius riešutus ir kokosą. Užtepkite ant sustingusio šokolado ir atvėsinkite, kol sustings.

Ištirpinkite baltąjį šokoladą karščiui atspariame dubenyje, pastatytame virš puodo su švelniai verdančiu vandeniu. Apibarstykite sausainius pagal raštą, tada palikite sustingti prieš pjaustydami juosteles.

Riešutiniai kvadratai

Sudaro 12

75 g/3 uncijos/¾ puodelio paprasto (pusiau saldaus) šokolado

50 g/2 uncijos/¼ puodelio sviesto arba margarino

100 g/4 uncijos/½ puodelio smulkaus (labai smulkaus) cukraus

2 kiaušiniai

5 ml/1 šaukštelis vanilės esencijos (ekstraktas)

75 g/3 uncijos/¾ puodelio paprastų (universalių) miltų

2,5 ml/½ šaukštelio kepimo miltelių

100 g / 4 uncijos / 1 puodelis kapotų sumaišytų riešutų

Ištirpinkite šokoladą karščiui atspariame dubenyje virš puodo su švelniai verdančiu vandeniu. Įmaišykite sviestą, kol ištirps, tada įmaišykite cukrų. Nukelkite nuo ugnies ir įmuškite kiaušinius bei vanilės esenciją. Suberkite miltus, kepimo miltelius ir riešutus. Supilkite mišinį į riebalais išteptą 25 cm/10 kvadratinę torto formą ir kepkite iki 180°C įkaitintoje orkaitėje 4 15 minučių iki auksinės spalvos. Dar šiltą supjaustykite nedideliais kvadratėliais.

Apelsinų pekano griežinėliai

Sudaro 16

375 g/13 uncijos/3¼ puodeliai paprastų (universalių) miltų

275 g / 10 uncijos / 1¼ puodeliai smulkaus (labai smulkaus) cukraus

5 ml/1 arbatinis šaukštelis kepimo miltelių

75 g/3 uncijos/1/3 puodelio sviesto arba margarino

2 kiaušiniai, sumušti

175 ml/6 fl oz/¾ puodelio pieno

200 g/7 uncijos/1 mažų skardinių mandarinų, nusausintų ir stambiai pjaustytų

100 g / 4 uncijos / 1 puodelis pekano riešutų, susmulkintų

Smulkiai tarkuota 2 apelsinų žievelė

10 ml/2 šaukštelio malto cinamono

Sumaišykite 325 g/12 uncijos/3 puodelius miltų, 225 g/8 uncijos/1 puodelį cukraus ir kepimo miltelius. Ištirpinkite 50 g/2 uncijos/¼ puodelio sviesto arba margarino ir įmaišykite kiaušinius bei pieną. Skystį švelniai įmaišykite į sausus ingredientus iki vientisos masės. Supilkite mandarinus, pekano riešutus ir apelsino žievelę. Supilkite į riebalais išteptą ir išklotą 30 x 20 cm/12 x 8 kepimo formą (kepimo formą). Likusius miltus, cukrų, sviestą ir cinamoną sutrinkite ir pabarstykite pyragą. Kepkite iki 180°C įkaitintoje orkaitėje 40 minučių iki auksinės spalvos. Palikite atvėsti skardoje, tada supjaustykite į maždaug 16 griežinėlių.

Parkinas

Padaro 16 kvadratų

100 g / 4 uncijos / ½ puodelio taukų (sutrumpinimas)

100 g/4 uncijos/½ puodelio sviesto arba margarino

75 g / 3 uncijos / 1/3 puodelio minkšto rudojo cukraus

100 g/4 uncijos/1/3 puodelio auksinio (šviesaus kukurūzų) sirupo

100 g/4 uncijos/1/3 puodelio juodojo melasos

10 ml/2 šaukštelis sodos bikarbonato (kepimo soda)

150 ml / ¼ pt / 2/3 puodelio pieno

225 g/8 uncijos/2 puodeliai pilno grūdo (viso grūdo) miltų

225 g/8 uncijos/2 puodeliai avižinių dribsnių

10 ml/2 šaukštelio malto imbiero

2,5 ml / ½ šaukštelio druskos

Keptuvėje kartu ištirpinkite kiaulinius taukus, sviestą arba margariną, cukrų, sirupą ir melasą. Ištirpinkite sodos bikarbonatą piene ir įmaišykite į keptuvę su likusiais ingredientais. Šaukštu supilkite į riebalais išteptą ir išklotą 20 cm/8 kvadratinę torto formą ir kepkite iki 160°C/325°F/dujų žymė 3 įkaitintoje orkaitėje 1 valandą, kol sutvirtės. Jis gali nuskęsti viduryje. Palikite atvėsti, tada keletą dienų laikykite sandariame inde, prieš supjaustydami kvadratėliais ir patiekdami.

Žemės riešutų sviesto batonėliai

Sudaro 16

100 g / 4 uncijos / 1 puodelis sviesto arba margarino

175 g/6 uncijos/1¼ puodeliai paprastų (universalių) miltų

175 g/6 uncijos/¾ puodelio minkšto rudojo cukraus

75 g/3 uncijos/1/3 puodelio žemės riešutų sviesto

Žiupsnelis druskos

1 nedidelis kiaušinio trynys, išplaktas

2,5 ml/½ šaukštelio vanilės esencijos (ekstraktas)

100 g/4 uncijos/1 puodelis paprasto (pusiau saldaus) šokolado

50 g/2 uncijos/2 puodeliai pūstų ryžių dribsnių

Sviestą arba margariną įtrinkite į miltus, kol masė taps panaši į džiūvėsėlius. Įmaišykite cukrų, 30 ml/2 šaukštus žemės riešutų sviesto ir druską. Įmaišykite kiaušinio trynį ir vanilės esenciją ir maišykite, kol gerai susimaišys. Įspauskite į 25 cm/10 kvadratinę torto formą (keptuvą). Kepkite iki 160°C įkaitintoje orkaitėje 30 minučių, kol pakils ir taps elastinga liesti.

Ištirpinkite šokoladą karščiui atspariame dubenyje virš puodo su švelniai verdančiu vandeniu. Nukelkite nuo ugnies ir įmaišykite likusį žemės riešutų sviestą. Įmaišykite dribsnius ir gerai išmaišykite, kol pasidengs šokolado mišiniu. Šaukštu uždėkite pyragą ir išlyginkite paviršių. Palikite atvėsti, tada atvėsinkite ir supjaustykite juostelėmis.

Pikniko gabalėliai

Sudaro 12

225 g/8 uncijos/2 puodeliai paprasto (pusiau saldaus) šokolado

50 g/2 uncijos/¼ puodelio sviesto arba margarino, suminkštinto

100 g / 4 uncijos / ½ puodelio smulkaus cukraus

1 kiaušinis, lengvai paplaktas

100 g/4 uncijos/1 puodelis džiovinto (susmulkinto) kokoso

50 g/2 uncijos/1/3 puodelio sultonų (auksinių razinų)

50 g/2 uncijos/¼ puodelio glazūruotų (cukruotų) vyšnių, susmulkintų

Ištirpinkite šokoladą karščiui atspariame dubenyje, pastatytame virš puodo su švelniai verdančiu vandeniu. Supilkite į riebalais išteptą ir išklotą 30 x 20 cm/12 x 8 šveicariškoje vyniotinio skardoje (želė vyniojimo skardoje) pagrindą. Sumaišykite sviestą arba margariną ir cukrų iki šviesios ir purios masės. Palaipsniui įmuškite kiaušinį, tada įmaišykite kokosą, sultonus ir vyšnias. Aptepkite šokoladu ir kepkite iki 150°C/300°F/dujų žymės 3 įkaitintoje orkaitėje 30 minučių, kol taps auksinės rudos spalvos. Palikite atvėsti, tada supjaustykite juostelėmis.

Ananasų ir kokosų batonėliai

Sudaro 20

1 kiaušinis

100 g/4 uncijos/½ puodelio smulkaus (labai smulkaus) cukraus

75 g/3 uncijos/¾ puodelio paprastų (universalių) miltų

5 ml/1 arbatinis šaukštelis kepimo miltelių

Žiupsnelis druskos

75 ml / 5 šaukštai vandens

Užpilui:

200 g / 7 uncijos / 1 mažas ananasų konservas, nusausintas ir susmulkintas

25 g/1 uncijos/2 šaukštai sviesto arba margarino

50 g / 2 uncijos / ¼ puodelio smulkaus (labai smulkaus) cukraus

1 kiaušinio trynys

25 g/1 oz/¼ puodelio išdžiovinto (susmulkinto) kokoso

5 ml/1 šaukštelis vanilės esencijos (ekstraktas)

Kiaušinį ir cukrų išplakti iki šviesios ir šviesios masės. Pakaitomis su vandeniu suberkite miltus, kepimo miltelius ir druską. Šaukštu dėkite į riebalais išteptą ir miltais pabarstytą 18 cm/7 kvadratinę torto formą ir kepkite iki 200°C įkaitintoje orkaitėje 20 minučių, kol gražiai iškils ir taps elastinga. Ant šilto pyrago šaukštu uždėkite ananasų. Likusius užpilo ingredientus pašildykite nedidelėje keptuvėje ant mažos ugnies, nuolat maišydami, kol gerai susimaišys, neleisdami mišiniui užvirti. Ant ananasų uždėkite šaukštą, tada grąžinkite pyragą į orkaitę dar 5 minutėms, kol užpilas taps auksinės spalvos. Palikite 10 minučių atvėsti skardoje, tada išverskite ant grotelių, kad baigtų atvėsti, prieš supjaustydami juosteles.

Slyvų mielinis pyragas

Sudaro 16

15 g/½ uncijos šviežių mielių arba 20 ml/4 šaukštelio džiovintų mielių

50 g / 2 uncijos / ¼ puodelio smulkaus (labai smulkaus) cukraus

150 ml/¼ pt/2/3 puodelio šilto pieno

50 g/2 uncijos/¼ puodelio sviesto arba margarino, ištirpinto

1 kiaušinis

1 kiaušinio trynys

250 g/9 uncijos/2¼ puodeliai paprastų (universalių) miltų

5 ml/1 šaukštelis smulkiai tarkuotos citrinos žievelės

675 g/1½ svaro slyvos, supjaustytos ketvirčiais ir kauliukais (be kauliukų)

Cukraus glazūra (konditerinis) sijotas, skirtas dulkėms

Malto cinamono

Mieles sumaišykite su 5 ml/1 šaukšteliu cukraus ir trupučiu šilto pieno ir palikite šiltoje vietoje 20 min., kol suputos. Likusį cukrų ir pieną išplakti su lydytu sviestu arba margarinu, kiaušiniu ir kiaušinio tryniu. Dubenyje sumaišykite miltus ir citrinos žievelę ir centre padarykite duobutę. Palaipsniui įmaišykite mielių ir kiaušinių mišinį, kad susidarytų minkšta tešla. Plakite, kol tešla taps labai lygi, o paviršiuje pradės formuotis burbuliukai. Švelniai įspauskite į riebalais išteptą ir miltais pabarstytą 25 cm/10 kvadratinę torto formą. Ant tešlos viršaus išdėliokite slyvas arti vienas kito. Uždenkite aliejumi patepta maistine plėvele (plastikine plėvele) ir palikite šiltoje vietoje 1 valandai, kol padvigubės. Įdėkite į įkaitintą orkaitę iki 200°C/400°F/6 dujų žymos, tada nedelsdami sumažinkite orkaitės temperatūrą iki 190°C/375°F/dujų žymės 5 ir kepkite 45 minutes. Vėl sumažinkite orkaitės temperatūrą iki 180°C/350°F/dujų žymė 4 ir kepkite dar 15 minučių, kol taps auksinės rudos spalvos. Dar karštą pyragą apibarstykite cukraus pudra ir cinamonu, palikite atvėsti ir supjaustykite kvadratėliais.

Amerikietiški moliūgų batonėliai

Sudaro 20

2 kiaušiniai

175 g / 6 uncijos / ¾ puodelio smulkaus (labai smulkaus) cukraus

120 ml/4 fl uncijos/½ puodelio aliejaus

225 g / 8 uncijos virtas, kubeliais pjaustytas moliūgas

100 g/4 uncijos/1 puodelis paprastų (universalių) miltų

5 ml/1 arbatinis šaukštelis kepimo miltelių

5 ml/1 šaukštelis malto cinamono

2,5 ml/½ šaukštelio sodos bikarbonato (kepimo soda)

50 g/2 uncijos/1/3 puodelio sultonų (auksinių razinų)

Grietinėlės sūrio glajus

Kiaušinius išplakite iki šviesios ir purios masės, tada įmuškite cukrų ir aliejų bei įmaišykite moliūgą. Suberkite miltus, kepimo miltelius, cinamoną ir sodos bikarbonatą, kol gerai susimaišys. Įmaišykite sultonus. Šaukštu supilkite mišinį į riebalais išteptą ir miltais pabarstytą 30 x 20 cm/12 x 8 šveicarišką vyniojimo skardą ir kepkite iki 180°C/350°F/dujų žymeklio 4 įkaitintoje orkaitėje 30 minučių, kol įsmeigs iešmelį. centre išeina švarus. Palikite atvėsti, tada aptepkite grietinėlės sūrio glajumi ir supjaustykite batonėliais.

Svarainių ir migdolų batonėliai

Sudaro 16

450 g svarainių

50 g / 2 uncijos / ¼ puodelio taukų (sutrumpinimas)

50 g/2 uncijos/¼ puodelio sviesto arba margarino

100 g/4 uncijos/1 puodelis paprastų (universalių) miltų

30 ml/2 šaukštai smulkaus cukraus

Apie 30 ml/2 šaukštai vandens

Įdarui:

75 g/3 uncijos/1/3 puodelio sviesto arba margarino, suminkštinto

100 g/4 uncijos/½ puodelio smulkaus (labai smulkaus) cukraus

2 kiaušiniai

Keli lašai migdolų esencijos (ekstrakto)

100 g/4 uncijos/1 puodelis maltų migdolų

25 g/1 oz/¼ puodelio paprastų (universalių) miltų

50 g/2 uncijos/½ puodelio susmulkintų (smulkintų) migdolų

Svarainius nulupkite, išpjaukite ir smulkiai supjaustykite. Sudėkite į keptuvę ir tiesiog uždenkite vandeniu. Užvirinkite ir troškinkite apie 15 minučių, kol suminkštės. Nupilkite vandens perteklių.

Taukus ir sviestą arba margariną įtrinkite į miltus, kol masė taps panaši į džiūvėsėlius. Įmaišykite cukrų. Įpilkite tiek vandens, kad susimaišytų iki minkštos tešlos, tada iškočiokite ant lengvai miltais pabarstyto paviršiaus ir išklokite 30 x 20 cm/12 x 8 dydžio šveicariškos vyniojimo skardos pagrindą ir šonus. Viską subadykite šakute. Naudodami kiaurasamtį, ant tešlos išdėliokite svarainius.

Sumaišykite sviestą arba margariną ir cukrų, tada palaipsniui įmaišykite kiaušinius ir migdolų esenciją. Suberkite maltus migdolus ir miltus ir šaukštu uždėkite svarainius. Ant viršaus pabarstykite pjaustytus migdolus ir kepkite iki 180°C/350°F/dujų žymė 4 įkaitintoje orkaitėje 45 minutes, kol sutvirtės ir taps auksinės rudos spalvos. Atvėsus supjaustykite kvadratėliais.

Razinų batonėliai

Sudaro 12

175 g/6 uncijos/1 puodelis razinų

250 ml / 8 fl oz / 1 puodelis vandens

75 ml/5 šaukštai aliejaus

225 g / 8 uncijos / 1 puodelis smulkaus (labai smulkaus) cukraus

1 kiaušinis, lengvai paplaktas

200 g/7 uncijos/1¾ puodeliai paprastų (universalių) miltų

1,5 ml/¼ šaukštelio druskos

5 ml/1 arbatinis šaukštelis sodos bikarbonatas (kepimo soda)

5 ml/1 šaukštelis malto cinamono

2,5 ml/½ šaukštelio tarkuoto muskato riešuto

2,5 ml/½ šaukštelio maltų kvapiųjų pipirų

Žiupsnelis maltų gvazdikėlių

50 g/2 uncijos/½ puodelio šokolado drožlių

50 g / 2 uncijos / ½ puodelio graikinių riešutų, susmulkintų

30 ml/2 a.š cukraus pudros (konditerinio) persijoto

Razinas ir vandenį užvirinkite, tada supilkite aliejų, nukelkite nuo ugnies ir palikite šiek tiek atvėsti. Įmaišykite cukraus pudrą ir kiaušinį. Sumaišykite miltus, druską, sodos bikarbonatą ir prieskonius. Sumaišykite su razinų mišiniu, tada įmaišykite šokolado drožles ir graikinius riešutus. Šaukštu dėkite į riebalais išteptą 30 cm/12 kvadratinę torto formą ir kepkite iki 190°C įkaitintoje orkaitėje 5 25 minutes, kol pyragas pradės trauktis nuo formos kraštų. Prieš apibarstydami cukraus pudra ir supjaustydami batonėlius, palikite atvėsti.

Aviečių avižų kvadratai

Sudaro 12

175 g/6 uncijos/¾ puodelio sviesto arba margarino

225 g/8 uncijos/2 puodeliai savaime kylančių (savaime kylančių) miltų

5 ml/1 šaukštelis druskos

175 g / 6 uncijos / 1½ puodelio valcuotų avižų

175 g / 6 uncijos / ¾ puodelio smulkaus (labai smulkaus) cukraus

300 g/11 oz/1 vidutinės skardinės aviečių, nusausintos

Sviestą arba margariną įtrinkite į miltus ir druską, tada įmaišykite avižas ir cukrų. Pusę mišinio įspauskite į riebalais išteptą 25 cm/10 kvadratinę kepimo formą. Ant viršaus pabarstykite avietes ir gerai nuspauskite likusiu mišiniu. Kepkite iki 200°C/400°F/6 dujų žymos įkaitintoje orkaitėje 20 minučių. Prieš pjaustydami kvadratėliais, palikite šiek tiek atvėsti skardoje.

www.ingramcontent.com/pod-product-compliance
Lightning Source LLC
Chambersburg PA
CBHW071425080526
44587CB00014B/1742